首都圏版㉖　**最新入試に対応！家庭学習に最適の問題集!!**

# 青山学院大学系属 浦和ルーテル学院小学校

**2022年度版**

# 過去問題集

〈問題集の効果的な使い方〉

①お子さまの学習を始める前に、まずは保護者の方が「入試問題」の傾向や、どの程度難しいか把握します。もちろん、すべての「学習のポイント」にも目を通してください
②各分野の学習を先に行い、基礎学力を養いましょう！
③「力が付いてきたら」と思ったら「過去問題」にチャレンジ！
④お子さまの得意・苦手がわかったら、その分野の学習を進め、全体的なレベルアップを図りましょう！

## 合格のための問題集

**青山学院大学系属浦和ルーテル学院小学校**

| | |
|---|---|
| 推理 | Ｊｒ・ウォッチャー６「系列」 |
| 推理 | Ｊｒ・ウォッチャー31「推理思考」 |
| 数量 | Ｊｒ・ウォッチャー37「選んで数える」 |
| 数量 | Ｊｒ・ウォッチャー40「数を分ける」 |
| 言語 | Ｊｒ・ウォッチャー26「文字・数字」 |

**2018～2021年度 過去問題を掲載 ＋ 各問題にアドバイス付!!**

日本学習図書　ニチガク

ニチガク式学習支援!!

日本学習図書 ニチガク

## こんなこと…ありませんか？

「ニチガクの問題集…買ったはいいけど、、、
この問題の教え方がわからない（汗）」

## メールでお悩み解決します！

- ☆ホームページ内の専用フォームで必要事項を入力！
- ☆教え方に困っているニチガクの問題を教えてください！
- ☆確認終了後、具体的な指導方法をメールでご返信！
- ☆全国どこでも！スマホでも！ぜひご活用ください！

<質問回答例>

**アドバイス**

推理分野の学習では、後の学習に活きる思考力を養うことができます。ご家庭で指導する場合にも、テクニックにたよらず、保護者の方が先に基本的な考え方を理解した上で、お子さまによく考えさせることを大切にして指導してください。

Q.「お子さまによく考えさせることを大切にして指導してください」と学習のポイントにありますが、考える習慣をつけさせるためには、具体的にどのようにしたらいいですか？

A. お子さまが考える時間を持てるように、質問の仕方と、タイミングに工夫をしてみてください。
たとえば、「答えはあっているけど、どうやってその答えを見つけたの」「答えは○○なんだけど、どうしてだと思う？」という感じです。
はじめのうちは、「必ず30秒考えてから手を動かす」などのルールを決める方法もおすすめです。

**まずは、ホームページへアクセスしてください!!**

https://www.nichigaku.jp　日本学習図書　検索

目指せ！合格！

# 家庭学習ガイド

## 青山学院大学系属　浦和ルーテル学院小学校

ペーパー　制作　行動観察　運動　志願者面接　保護者面接

## 入試情報

応募者数：男子153名　女子222名
出題形態：ペーパーテスト・ノンペーパーテスト
面　　接：保護者・志願者
出題領域：ペーパー（数量・推理・図形・記憶・言語・常識等など）、
　　　　　行動観察、運動、制作

## 入試対策

この状況でも入学希望者が大幅に増えています。2021年度の入試は感染症対策として一部校外で行われましたが、内容は例年通り、ペーパーテスト・行動観察・運動・制作・面接（志願者・保護者）というものでした。ペーパーテストは、数量、推理、図形、記憶、言語など多分野からの出題です。本年度は常識の問題も出題されています。問題自体はそれほど複雑ではなく、理解力や年齢相応の知識・観察力が求められる標準的な小学校入試と言っていいでしょう。ただし、他校ではあまり見られない「ひらがなを使った問題」や、内容はオーソドックスでも「聞き方が独特な問題」があります。過去問のほか、苦手分野の問題集などを行って応用力をつけておきましょう。

●言語分野の問題では、ひらがなを書くこと、読むことの両方が求められています。推理分野では、「～と同じ関係のものを選ぶ」といった関係類推の問題がよく扱われています。過去問で具体的な出題例を確認しておきましょう。

●問題ごとの解答時間は標準よりも長めで、時間の余裕があります。正答率が高くなることが予想されるので、単に答えるだけではなく、精度をあげることが大切です。

●面接では、コロナ関連の質問のほか、保護者に対して、家庭での過ごし方、仕事について、キリスト教についての考え、といった内容に加え、併願校についての質問があります。ある程度の準備をしておいたほうがよいでしょう。

# 「青山学院大学系属 浦和ルーテル学院小学校」について

## 〈合格のためのアドバイス〉

当校は、学問・スポーツ・芸術など、１人ひとりの「才能＝ギフト」を見出し、大きく伸ばし、世界に貢献していく人間を育てる「ギフト教育」を実践しています。これは、子どもは誰でもかけがえのない「ギフト（才能や個性）」を神様から与えられているという考えに基づき、「才能」「共感」「世界貢献」「自己実現」という４つの観点からギフトを活かして、まわりの人々を幸せにし、自らも幸せな人生を歩むことを願う教育です。具体的には、「少人数教育」「小中高 12 年一貫」「英語・国際教育」「キリスト教主義に基づく全人教育」といった、当校を象徴するような教育が行われています。

当校は 2018 年７月に青山学院大学の系属校となり（2019 年度よりは校名も「青山学院大学系属浦和ルーテル学院小学校」と改称）、これにより、一定の進学基準を満たした児童は、将来的には系属校推薦入学として青山学院大学へ進学できることとなります。今後も、志願者増に伴い試験内容の変更・難度の上昇が予測されます。保護者の方は、説明会はもちろんのこと、Web からの入試情報にも注意しましょう。

ペーパーテストは、**数量**、**推理**、**図形**、**言語**、**記憶**、**常識**などの分野から出題されました。絵を見て描いてあるものがいくつあるのか把握させる問題が多く、計算力だけでなく観察力も問われる問題や、２つのものの関係を類推する推理・思考力を使う問題も頻出です。また、当校では、言語分野の問題に、ひらがなの読み書きといった、他校では見られない問題が例年出題されています。ただし、分野・観点は幅広いものの、基本的な知識や学力を観点とした問題がほとんどですので、それぞれの分野についての基礎を固めておけば、それほど心配することはありません。

面接は、保護者面接と志願者面接が別々に行われます。保護者に対しては、志願理由、家庭での過ごし方などの一般的な質問のほかに、入学の意欲、家庭環境の詳細などが聞かれます。アンケートでも保護者の学歴・職業、学校に関する質問、併願校といった具体的な質問事項が多いだけに、事前の準備や保護者同士の打ち合わせは必須でしょう。

### 〈2021 年度選考〉

◆保護者・志願者面接
◆ペーパーテスト
◆制作
◆行動観察・運動

### ◇過去の応募状況

| | | |
|---|---|---|
| 2021 年度 | 男子 153 名 | 女子 222 名 |
| 2020 年度 | 男女 251 名 | |
| 2019 年度 | 男子 89 名 | 女子 122 名 |

### 入試のチェックポイント

◇受験番号は…「ランダムに決める」
◇生まれ月の考慮…「あり」

# 青山学院大学系属
# 浦和ルーテル学院小学校
# 過去問題集

現在、少子化が叫ばれているにもかかわらず、私立・国立小学校の入学試験には一定の応募者があります。入試は、ただやみくもに学習するだけでは成果を得ることはできません。志望校の過去における出題傾向を研究・把握した上で、練習を進めていくこと、その上で試験までに志願者の不得意分野を克服していくことが必須条件です。そこで、本問題集は小学校を受験される方々に、志望校の出題傾向をより詳しく知って頂くために、過去に遡り出題頻度の高い問題を結集いたしました。最新のデータを含む精選された過去問題集で実力をお付けください。

また、志望校の選択には弊社発行の「2022年度版　首都圏・東日本　国立・私立小学校　進学のてびき」をぜひ参考になさってください。

## 〈本書ご使用方法〉

◆出題者は出題前に一度問題を通読し、出題内容などを把握した上で、〈準　備〉の欄に表記してあるものを用意してから始めてください。

◆お子さまに絵の頁を渡し、出題者が問題文を読む形式で出題してください。問題を読んだ後で、絵の頁を渡す問題もありますのでご注意ください。

◆「分野」は、問題の分野を表しています。弊社の問題集の分野に対応していますので、復習の際の目安にお役立てください。

◆一部の描画や工作、常識等の問題については、解答が省略されているものがあります。お子さまの答えが成り立つか、出題者が各自でご判断ください。

◆〈時　間〉につきましては、目安とお考えください。

◆［〇年度］は、問題の出題年度です。［2021年度］は、「2020年の秋から冬にかけて行われた2021年度志願者向けの考査の問題」という意味です。

◆学習のポイントは、指導の際にご参考にしてください。

◆【おすすめ問題集】は各問題の基礎力養成や実力アップにご使用ください。

## 〈本書ご使用にあたっての注意点〉

◆文中に **この問題の絵は縦に使用してください。** と記載してある問題の絵は縦にしてお使いください。

◆〈準　備〉の欄で、クレヨンと表記してある場合は12色程度のものを、画用紙と表記してある場合は白い画用紙をご用意ください。

◆文中に **この問題の絵はありません。** と記載してある問題には絵の頁がありませんので、ご注意ください。なお、問題の絵の右上にある番号が連番でなくても、中央下の頁番号が連番の場合は落丁ではありません。

下記一覧表の●が付いている問題は絵がありません。

| | | | | | | | | | |
|---|---|---|---|---|---|---|---|---|---|
| 問題1 | 問題2 | 問題3 | 問題4 | 問題5 | 問題6 | 問題7 | 問題8 | 問題9 | 問題10 |
| | | | | | | | | | |
| 問題11 | 問題12 | 問題13 | 問題14 | 問題15 | 問題16 | 問題17 | 問題18 | 問題19 | 問題20 |
| | | ● | | | | | | | |
| 問題21 | 問題22 | 問題23 | 問題24 | 問題25 | 問題26 | 問題27 | 問題28 | 問題29 | 問題30 |
| | | | | | ● | ● | | | |
| 問題31 | 問題32 | 問題33 | 問題34 | 問題35 | 問題36 | 問題37 | 問題38 | 問題39 | 問題40 |
| | | | | | ● | | | | |
| 問題41 | 問題42 | 問題43 | 問題44 | | | | | | |
| | | | | | | | | | |

# (得) 先輩ママたちの声！

◆実際に受験をされた方からのアドバイスです。
ぜひ参考にしてください。

## 浦和ルーテル学院小学校

・行事には積極的に参加して、学校の雰囲気や、先生と児童の様子などをよく見ておく方が良いと思いました。特に、文化祭（スクールフェア）は、おすすめです。

・面接の前に、保護者へのアンケートがありました。学校についての知識から家族のことまで、質問はさまざまです。志望順位、併願校などが聞かれます。短い時間での記入だったので、時間内に回答できるように準備が必要だと思いました。

・面接では、キリスト教についての考え方を聞かれました。あらかじめ自分なりの考え方をまとめておくことが大切です。

・試験では、体操着に着替えずに、そのまま運動テストになりました。キュロットなど動きやすい服装で行くことをおすすめします。

・ペーパーテストの後、子どもは解答時間が短いと言っていました。

・都内からなど、比較的遠くから入試を受ける人が増えたようです。
面接でも「そんなに遠くから通学できるのか」という質問がありました。

・駅からバスで10分はかかります。到着は時間に余裕を持っておいた方がよいと思います。

◎学習効果を上げるため、前掲の「家庭学習ガイド」及び「合格のためのアドバイス」をお読みになり、各校が実施する入試の出題傾向を、よく把握した上で問題に取り組んでください。
※冒頭の「本書ご使用方法」「ご使用にあたっての注意点」も併せてご覧ください。

# 〈浦和ルーテル学院小学校〉

## *2021年度の最新問題*

### 問題1　分野：言語（記名）

〈準備〉　鉛筆

〈問題〉　上の段を見てください。四角が並んでいます。今からこの四角に自分の名前を書きます。私の名前は「やまだはなこ」ですから、このように「や」「ま」「だ」「は」「な」「こ」と書きます。間違えてしまった時は、間違えたところに×を書いて、その上に書き直してください。
それでは、下の段に自分の名前を書いてください。

〈時間〉　40秒

### 問題2　分野：推理（系列）

〈準備〉　鉛筆

〈問題〉　（問題２－１、２－２の絵を渡す）
①左の四角の「●」「▲」「◎」が書いてあるところにはどの野菜が入りますか。正しい組み合わせを右の四角から選んで○をつけてください。
②左の四角の「●」「▲」「◎」が書いてあるところにはどの動物が入りますか。正しい組み合わせを右の四角から選んで○をつけてください。

〈時間〉　各１分

### 問題3　分野：図形（展開）

〈準備〉　鉛筆

〈問題〉　それぞれの段の左の絵のように折り紙を折り、黒く塗ったところを切り取ります。折り紙を開いた時、どのようになるでしょうか。右の４つの中から選んで○をつけてください。

〈時間〉　１分

## 問題4　分野：数量（1対多の対応）

〈準備〉　鉛筆

〈問題〉　左の四角に描いてあるソフトクリームに１つずつサクランボを載せるには、右のどのお皿を選べばよいでしょうか。○をつけてください。

〈時間〉　30秒

## 問題5　分野：複合（聞き取り・数える）

〈準備〉　鉛筆

〈問題〉　①「イヌとウサギはクッキーを持っています。ウサギはイヌより３個多くクッキーを持っています」。上の四角からこのお話に当てはまる絵を選んで○をつけてください。
②「イヌとウサギはクッキーを持っています。イヌとウサギが持っているクッキーの数は４個違います」。下の四角からこのお話に当てはまる絵を選んで✓をつけてください。

〈時間〉　各30秒

## 問題6　分野：推理（比較）

〈準備〉　鉛筆

〈問題〉　①３番目に多く水が入っているものを選んで○をつけてください
②黒く塗ってあるところが２番目に広いのはどれですか。○をつけてください。
③４番目に長いひもを選んで○をつけてください。

〈時間〉　各30秒

## 問題7　分野：常識（生活・マナー）

〈準備〉　鉛筆

〈問題〉　①４つある四角のうち、描いてあるものがすべて料理に使う道具の四角を選んで○をつけてください。
②描いてある絵の中で正しいものに○をつけてください。

〈時間〉　１分

**家庭学習のコツ①　「先輩ママのアドバイス」を読みましょう！**

本書冒頭の「先輩ママのアドバイス」には、実際に試験を経験された方の貴重なお話が掲載されています。対策学習への取り組み方だけでなく、試験場の雰囲気や会場での過ごし方、お子さまの健康管理、家庭学習の方法など、さまざまなことがらについてのアドバイスもあります。先輩ママの体験談、アドバイスに学び、ステップアップを図りましょう！

## 問題8　分野：記憶（お話の記憶）

〈準備〉　鉛筆

〈問題〉　これからお話をしますから、よく聞いて後の質問に答えてください。
カエルくんは、友だちのクマくんとウサギさんを誘って、ピクニックに行くことにしました。カエルくんは毎日、天気予報を見て、お友だちとピクニックに行くことを楽しみにしていました。やがてピクニックの日になりました。空はよく晴れていたのでカエルくんはなんだかうれしくなりました。カエルくんが集合場所の原っぱに行くとまだ誰もいませんでした。しばらくすると、「カエルくーん」と言いながらウサギさんが跳ねながらやってきました。次に森から、クマくんが「カエルくーん」と言いながらノッシノッシとやってきました。これでみんな揃ったのでピクニックに出発します。行き先はお花畑です。「いい天気になってよかったね」「昨日の天気予報では雨が降るかもしれないと言っていたので傘を持ってきたよ」「カエルくん、天気予報をチェックしてくれたんだね」。原っぱを通り抜けてしばらく歩くと、お花畑です。お花畑に着くとウサギさんは「お弁当を食べよう」と言って準備を始め、「カエルくんの好きなミニトマトと、クマくんの好きなハチミツを持ってきたよ」と言いながらリュックサックから食べものを取り出しました。「それはどうもありとう」とクマくんは言い、大きな青色のレジャーシートを敷きました。そして、「ぼくはニンジンを持ってきたよ。カエルくんもウサギさんも好きだったでしょう」と言いました。ウサギさんとクマくんが準備をしている間、カエルくんは何も言いません。「ぼくは自分が食べるものしか持ってきていない…」とカエルくんは思っていたのです。カエルくんの心は曇り、雨が降り出しそうでした。ウサギさんとクマくんはカエルくんが元気でなくなったことに気付き、２人は「カエルくんが天気予報を見てくれていて助かったよ。雨が降っても、カエルくんの傘があるから安心だね」と言いました。「それにカエルくんがピクニックに誘ってくれなかったら、こんなに楽しくなれなかったよ」とウサギさんが言いました。「誘ってくれてありがとう。カエルくん」とクマくんが言いました。２人がそう言ったのでカエルくんの心は今日の天気と同じように晴れ晴れしました。「ウサギさん、クマくん、お弁当を食べる準備をしてくれてありがとう。食べたら、花の冠を２人にプレゼントするよ」とカエルくんが言いました。３人はそれぞれのお弁当の食べものを交換しながら、仲良くお昼ごはんを食べました。その周りでは満開のコスモスが風に揺れています。

①このお話に出てこない動物に○をつけてください。
②天気予報ではピクニックに行く日の天気予報ではどうでしたか。選んで○をつけてください。
③このお話の季節と同じ季節の絵を選んで○をつけてください。
④カエルくんの「心の天気」はどのように変わったでしょうか。正しいものを選んで○をつけてください。
⑤カエルくん、ウサギさん、クマくんがそれぞれ持ってきた食べものとの正しい組み合わせを選んで○をつけてください。
⑥カエルくん、ウサギさん、クマさんがそれぞれみんなのために持ってきたものは何ですか。線で結んでください。

〈時間〉　①②30秒　③１分　④⑤各30秒　⑥１分

### 家庭学習のコツ②　「家庭学習ガイド」はママの味方！

問題演習を始める前に、試験の概要をまとめた「家庭学習ガイド（本書カラーページに掲載）」を読みましょう。「家庭学習ガイド」には、応募者数や試験課目の詳細のほか、学習を進める上で重要な情報が掲載されています。それらの情報で入試の傾向をつかみ、学習の方針を立ててから、対策学習を始めてください。

## 問題9　分野：言語（文字・数字）

〈準備〉　鉛筆

〈問題〉　絵のカードと、言葉のカードがあります。絵のカードにあう言葉のカードを選んで、線でつないでください。

〈時間〉　各20秒

## 問題10　分野：言語（言葉の音）

〈準備〉　サインペン

〈問題〉　1番上の段の左の四角を見てください。絵が描いてあり、その横にその絵を表す言葉の音だけ丸が書いてあります。そのうち、●だけをつなげてできる言葉は何ですか。右の四角から選んで○をつけてください。ほかの段も同じように答えてください。

〈時間〉　各30秒

## 問題11　分野：制作

〈準備〉　クレヨン（12色）、ハサミ、のり、水色の折り紙（1枚）、紙皿（1枚）
※あらじめ問題11を塗っておく。

〈問題〉　（問題11の絵と材料・道具を渡して）
これから制作のテストを始めます。お手本を見て、その通りになるように考えながら作ってください。途中で「あと5分です」と何度か残り時間を言いますので聞いてください。

〈時間〉　12分

### 家庭学習のコツ③　効果的な学習方法～問題集を通読する

過去問題集を始めるにあたり、いきなり問題に取り組んではいませんか？　それでは本書を有効活用しているとは言えません。まず、保護者の方が、すべてを一通り読み、当校の傾向、ポイント、問題のアドバイスを頭に入れてください。そうすることにより、保護者の方の指導力がアップします。また、日常生活のさまざまなことから、保護者の方自身が「作問」することができるようになっていきます。

## 問題12　分野：運動

〈準 備〉　コーン、フラフープ

〈問 題〉　【模倣体操】（全員でおこなう）
今から準備体操をします。私（出題者）と同じように、体を動かしてください。
①両手を広げてください。
②その場でジャンプをしてください。
③（ジャンプをしながら）それでは、右にグルグル回りながらジャンプをしてください。次に、左にグルグルまわりながらジャンプをしてください。

ここからは、私のポーズをまねしてください。
④両腕を横に広げて、片足で立って、カカシのポーズをしてください。
⑤片足で立ち、両手を広げて体は前へ、あげている方の足は後ろへ。
飛行機のポーズをしてください。

【基本運動】
先生の指示にしたがって、カラーコーンの間で実施する。
今からグループに分かれて競争をします。線のところからスタートして、ゴールまで来たら、列の１番後ろに並んで、自分の番になるまで座って待っていてください。
・クマ歩き
・スキップ
・ケンケンパ
・10メートル走

**家庭学習のコツ④　効果的な学習方法～お子さまの今の実力を知る**

１年分の問題を解き終えた後、「家庭学習ガイド」に掲載されているレーダーチャートを参考に、目標への到達度をはかってみましょう。また、あわせてお子さまの得意・不得意の見きわめも行ってください。苦手な分野の対策にあたっては、お子さまに無理をさせず、理解度に合わせて学習するとよいでしょう。

## 問題13　分野：面接（保護者面接・幼児面接）

〈準備〉　なし

〈問題〉　**この問題の絵はありません。**

【保護者へ】
・なぜ私立小学校を志望されたのですか。
・志望理由をお聞かせください。
・お子さまの健康状態についてお聞かせください。
・お子さまの体調が悪い時にお迎えに来ることは可能ですか。
・お子さまの長所と短所についてお聞かせください。
・教育方針についてお聞かせください。
・それに基づいて行っていることについてお聞かせください。
・お子さまにアレルギーはありますか。
・１年生の時には学校行事がたくさんありますが、参加していただくことは可能ですか。
・宿泊行事がありますが、お子さまはご両親がいないところに宿泊した経験はありますか。
・当校に入学すると基本的には12年間の私立教育ということになります。ご家庭の経済状態はいかがですか。
・お仕事にコロナの影響はありますか。

【志願者へ】
・お名前を教えてください。
・生年月日を教えてください。
・幼稚園（保育園）の先生の名前を２人教えてください。
・今日の朝ごはんは何を食べてきましたか。
・テストをした場所にはどうやって来ましたか。
・幼稚園（保育園）で好きな遊びは何ですか。
・（好きな遊び）はどんなところが好きですか。

〈時間〉　10分程度

〈解答〉　省略

# 問題 1

| | | | は | | | | | | |
|---|---|---|---|---|---|---|---|---|---|
| や | ま | だ | ~~か~~ | な | こ | | | | |

| | | | | | | | | | |
|---|---|---|---|---|---|---|---|---|---|
| | | | | | | | | | |

   日本学習図書株式会社

①

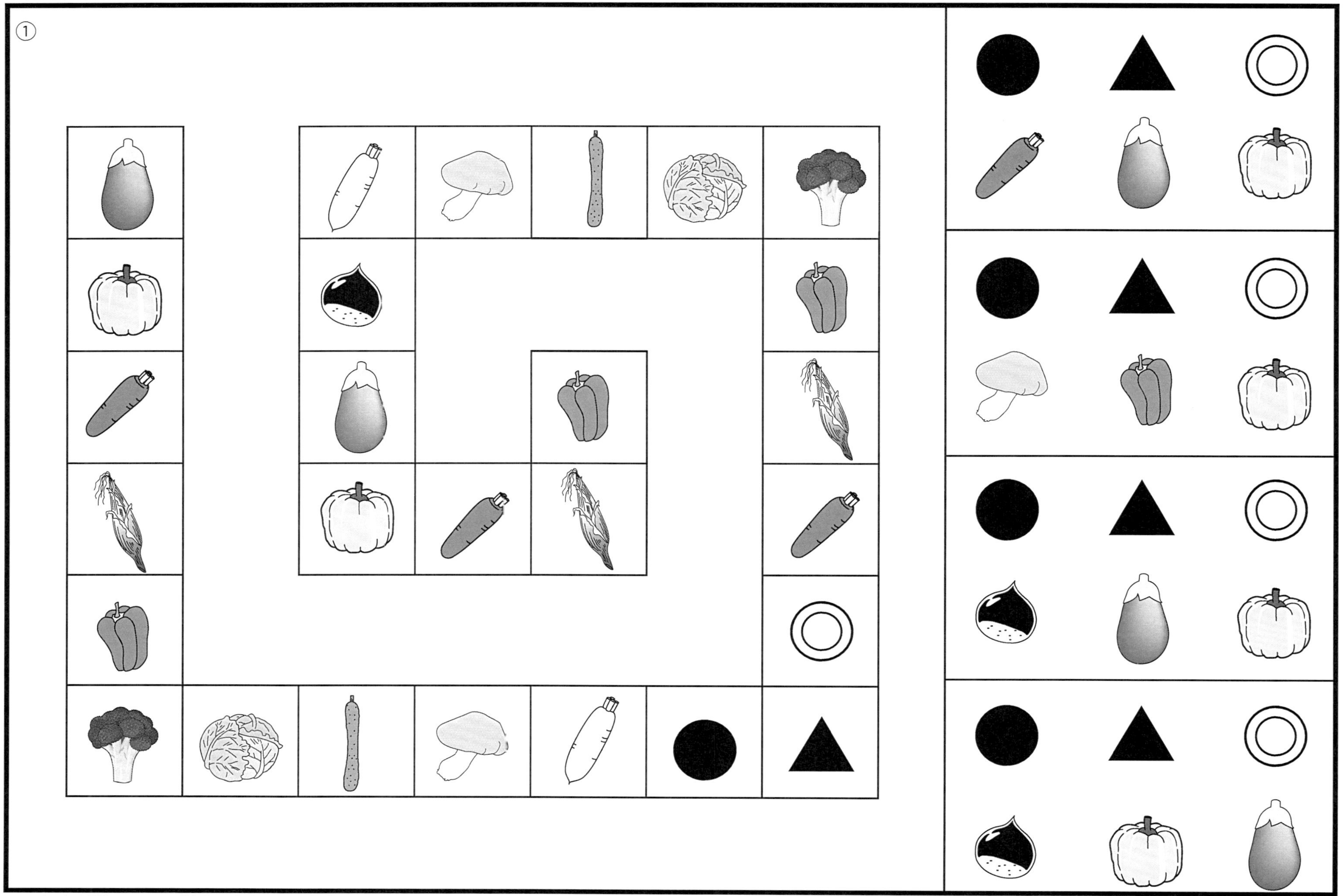

# 問題2－2

②

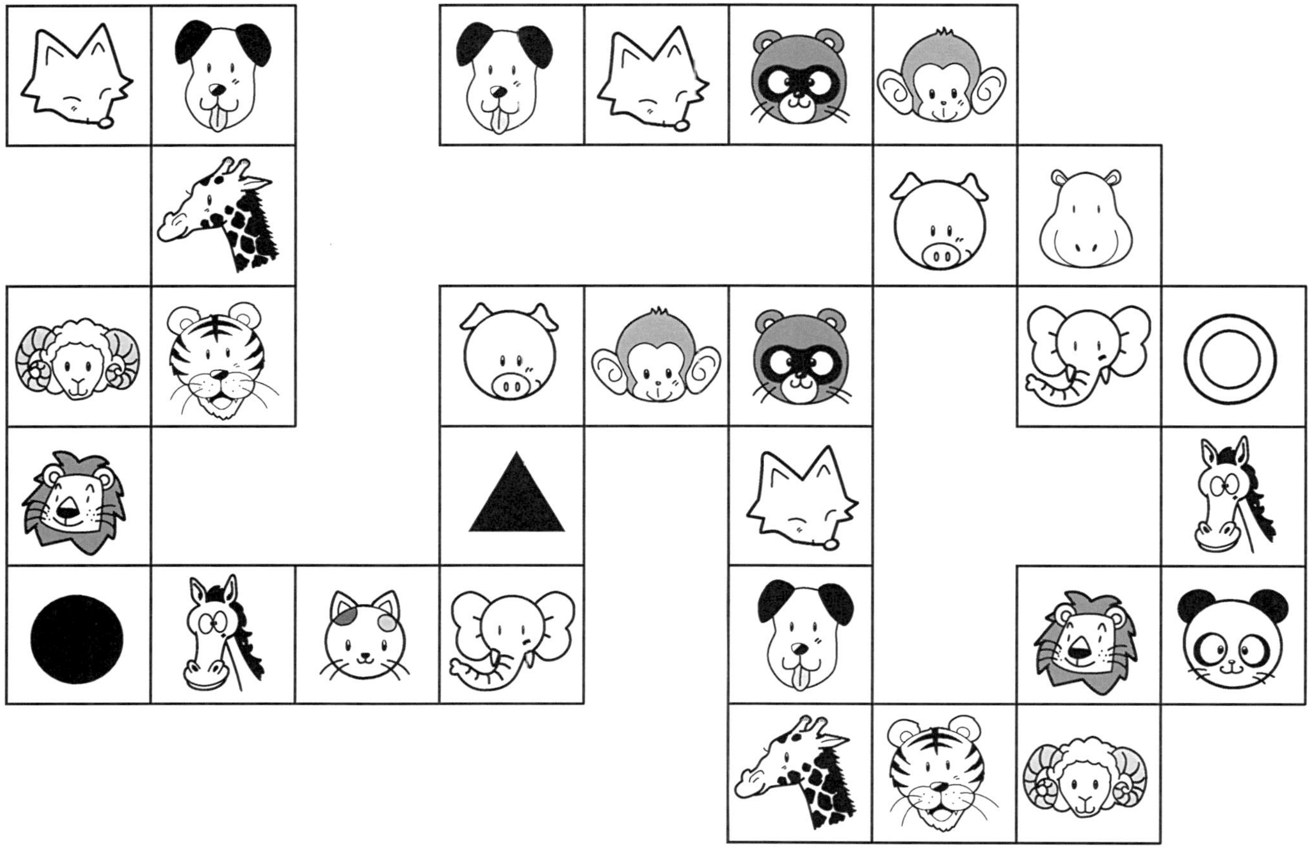

日本学習図書株式会社

問題 *3*

☆浦和ルーテル学院小学校

①

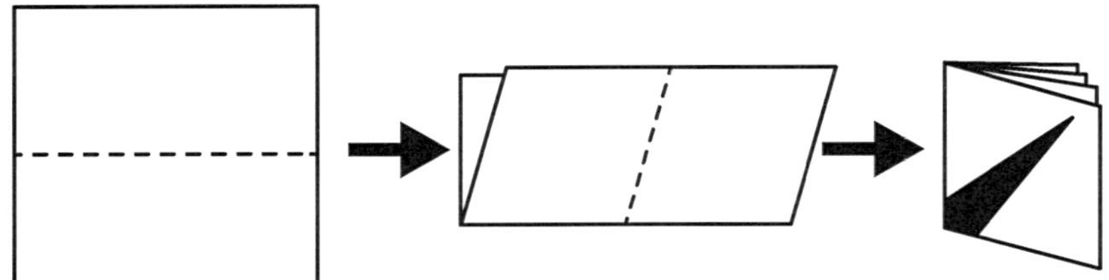

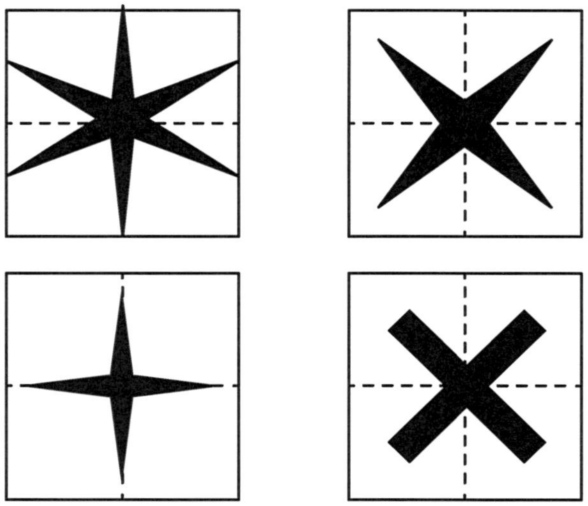

②

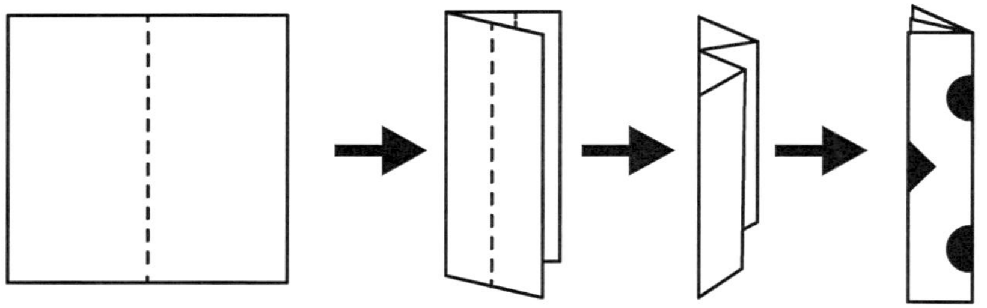

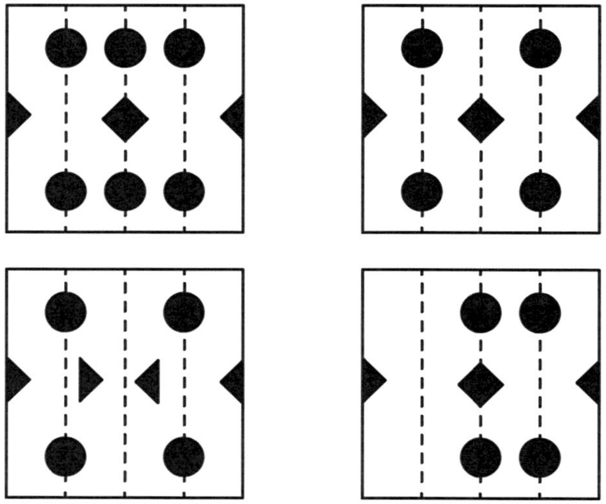

問題4

☆浦和ルーテル学院小学校

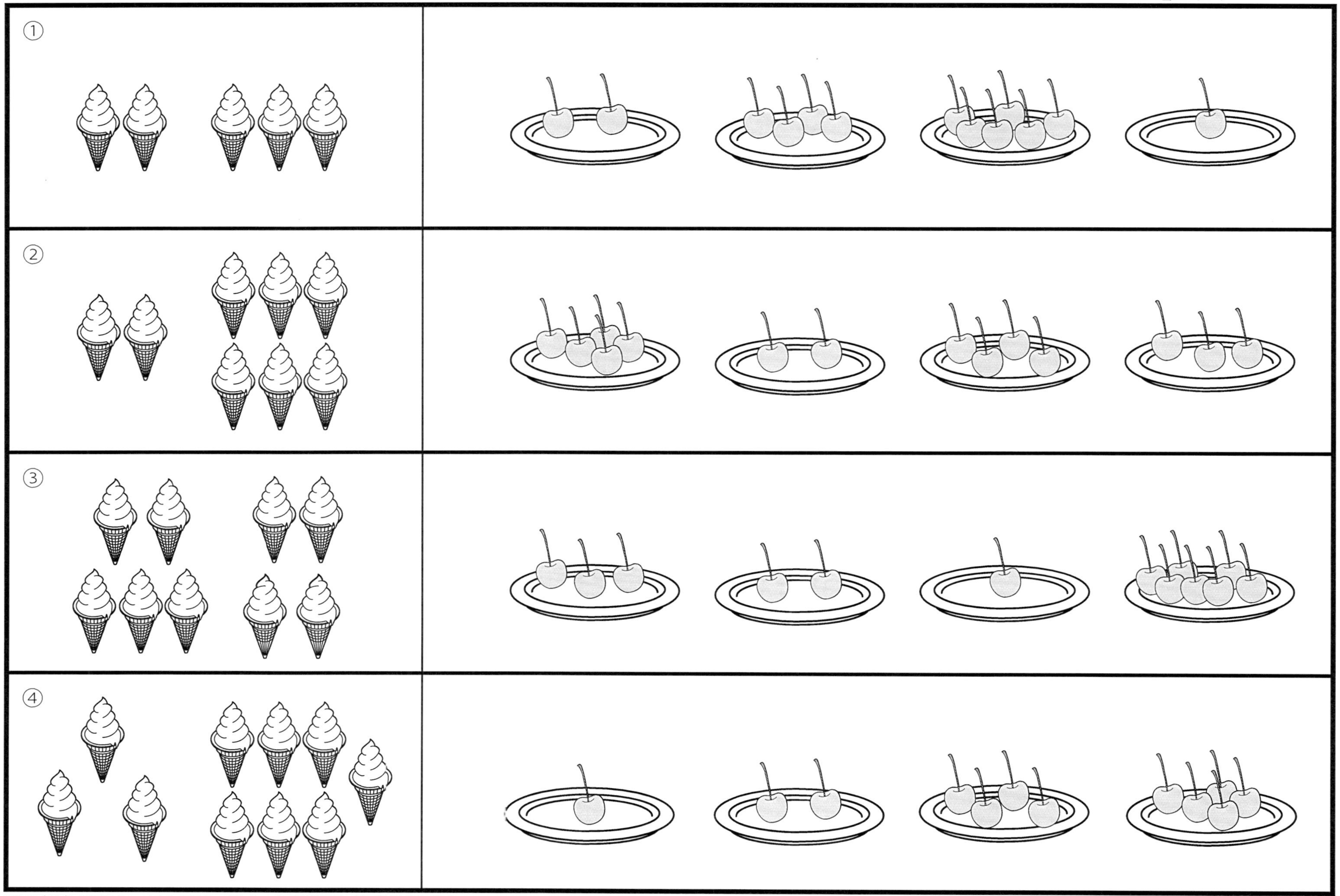

☆浦和ルーテル学院小学校

2022 年度 浦和ルーテル学院 過去 無断複製／転載を禁ずる 日本学習図書株式会社

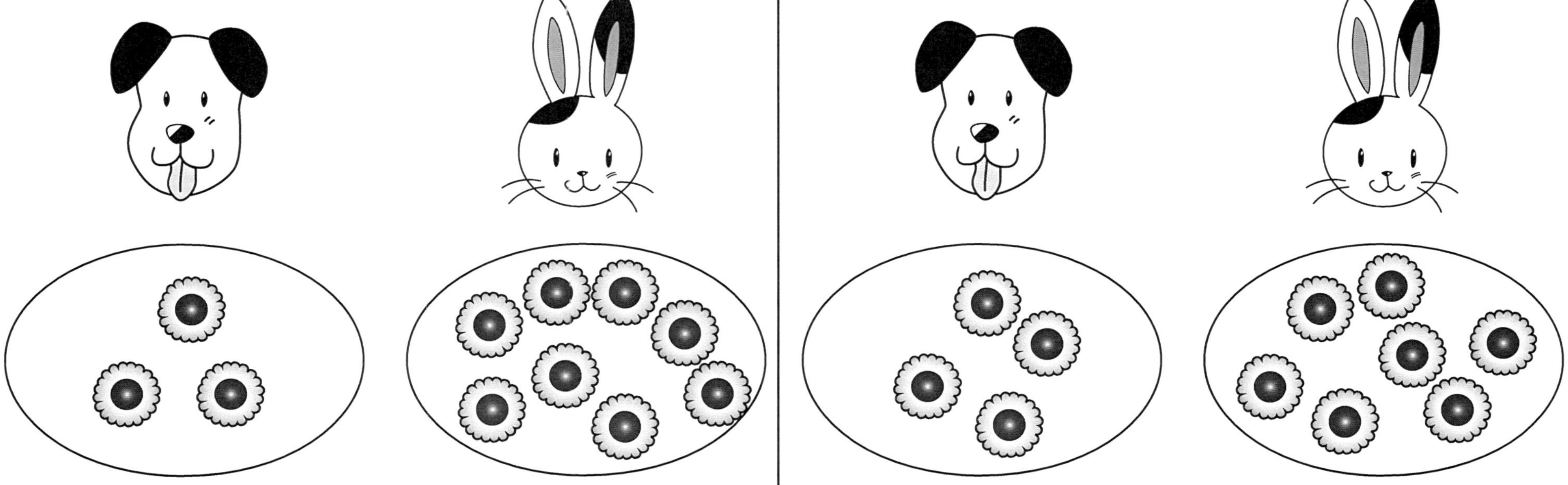

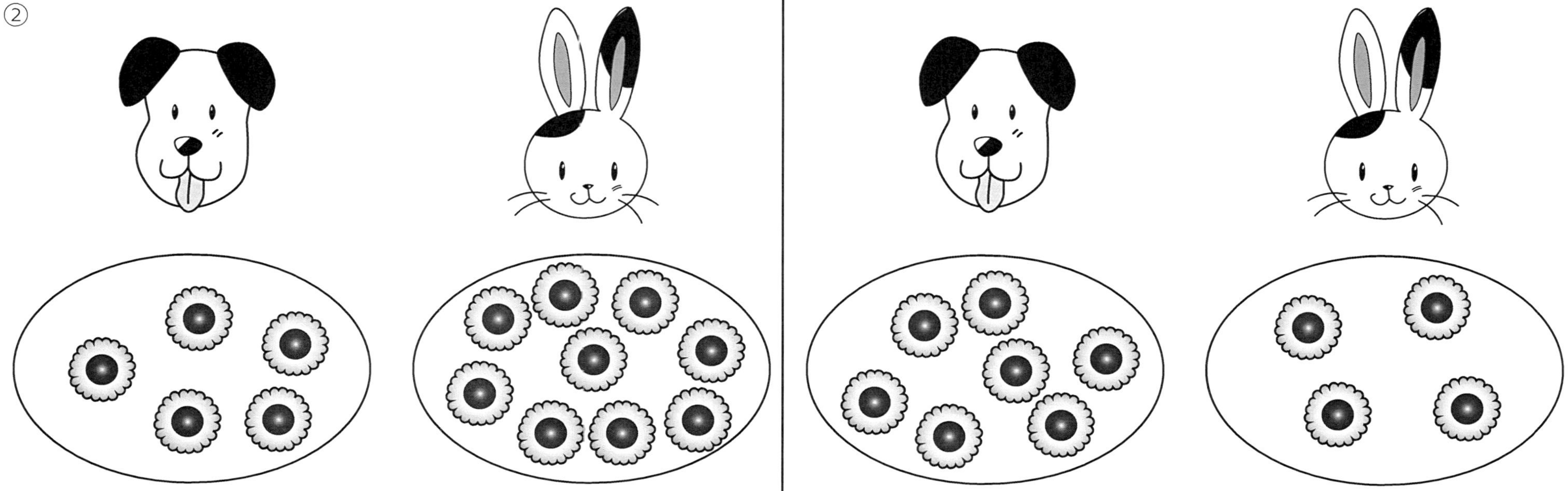

①

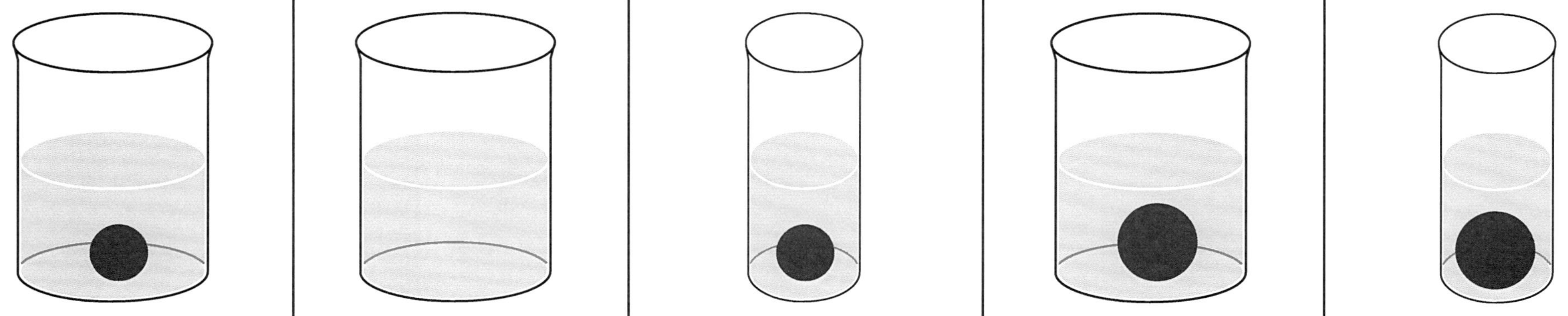

②

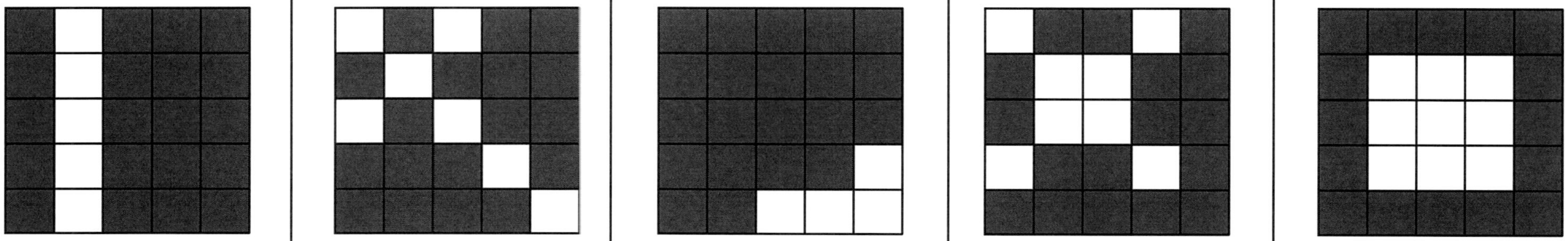

③

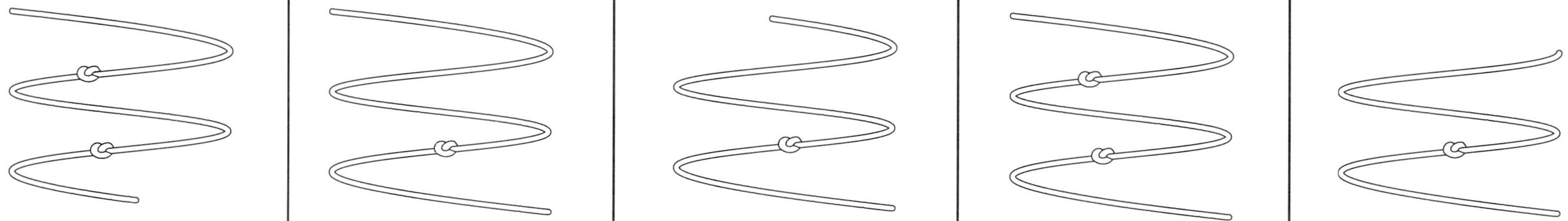

# 問題 7

①

②

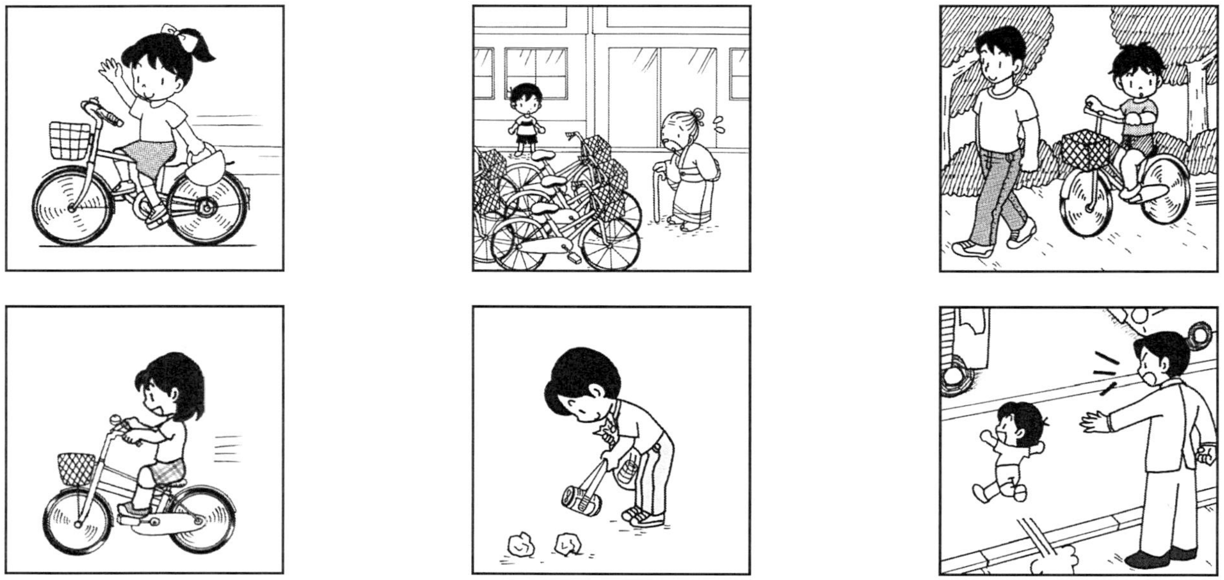

☆浦和ルーテル学院小学校

# 問題8

①

②

③

④

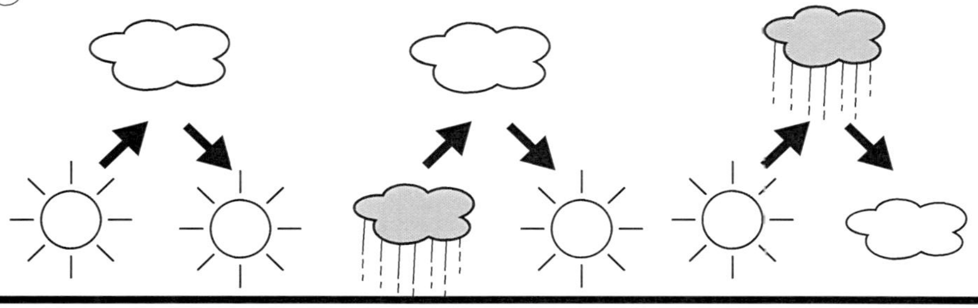

⑤

⑥

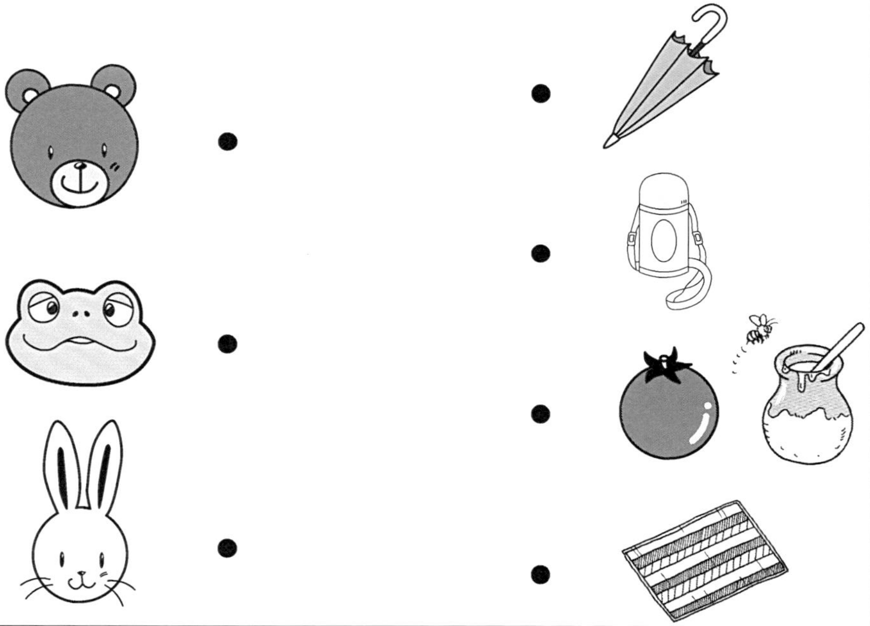

# 問題9

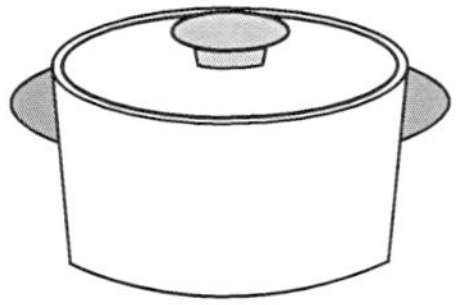

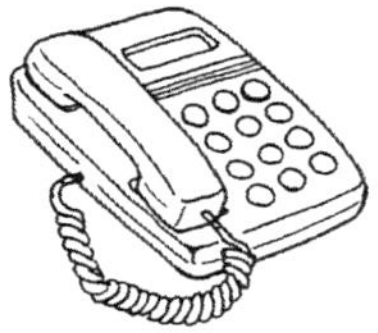

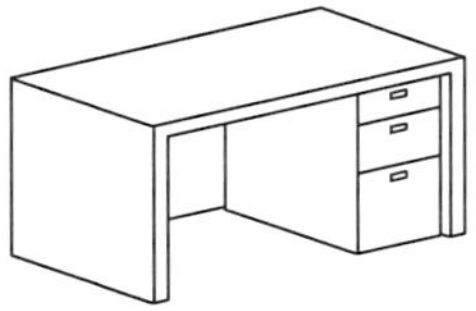

でんわ

はたけ

くつ

つくえ

くち

なべ

でんち

やかん

はさみ

つみき

# 問題１０

# 問題１１

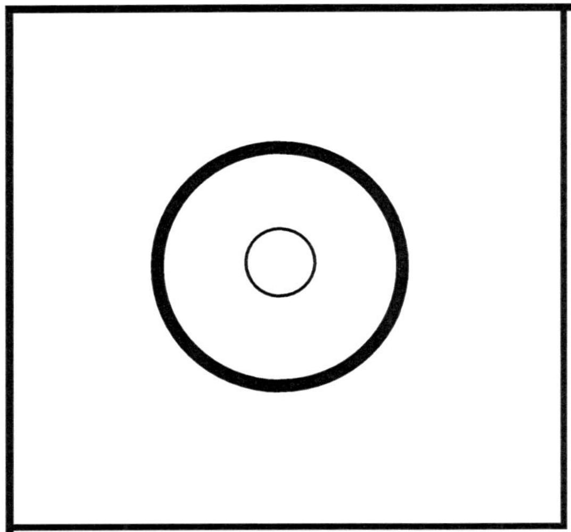

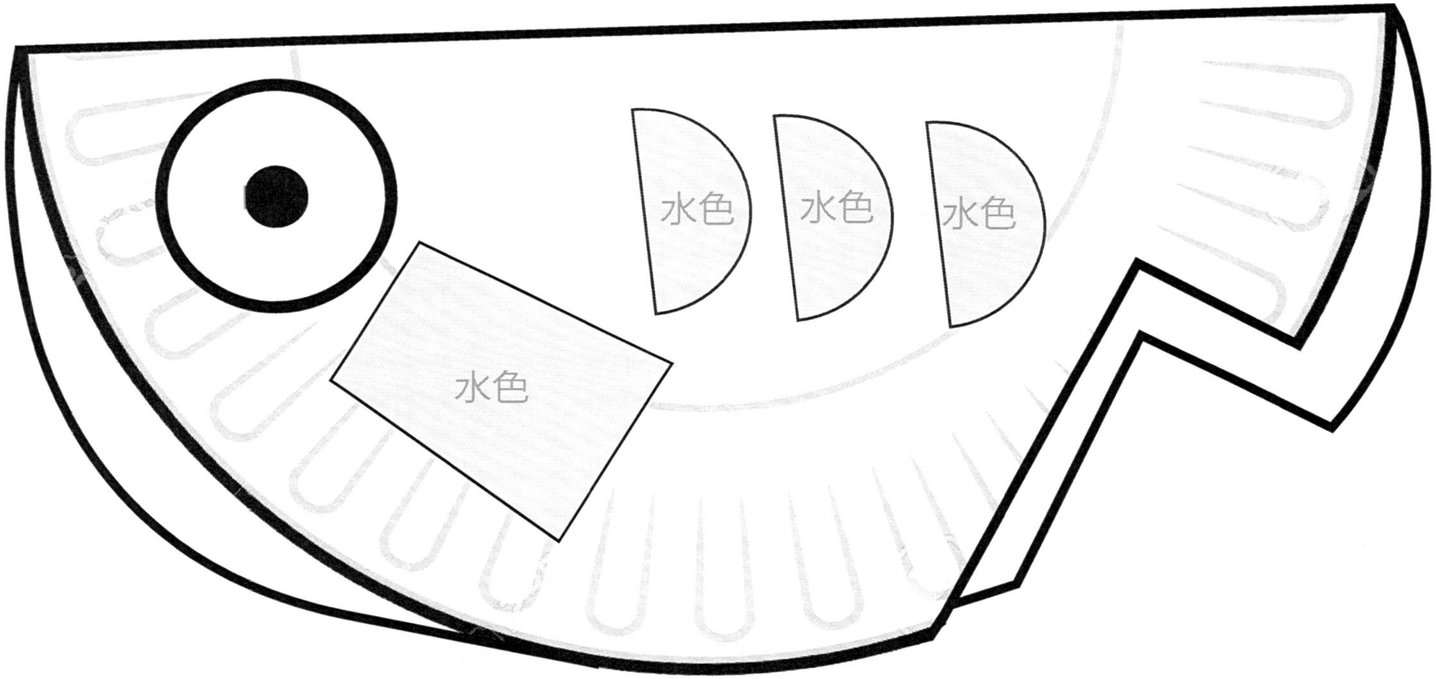

☆浦和ルーテル学院小学校

# 問題12

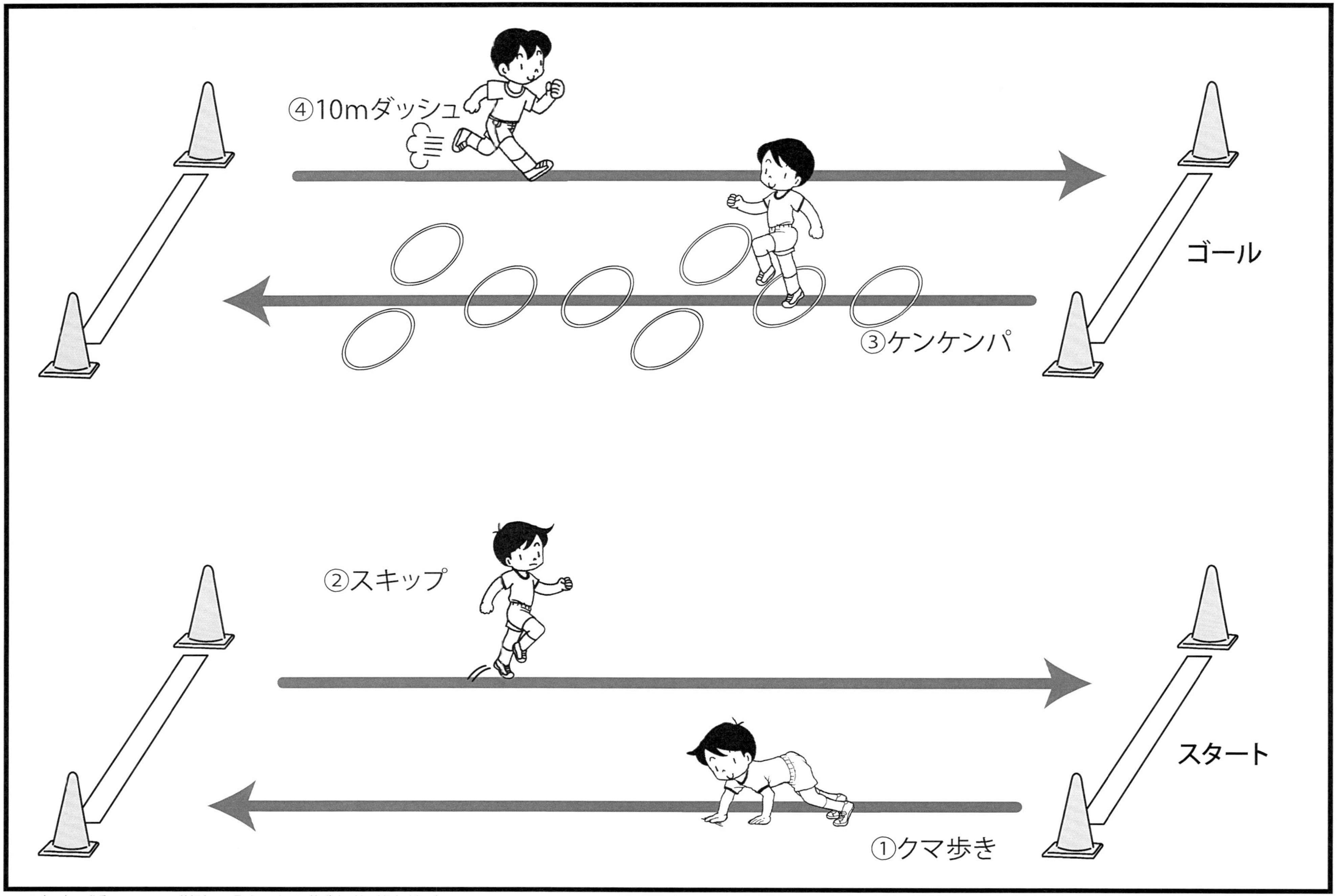

# 2021年度入試
# 解答例・学習アドバイス

解答例では、制作・巧緻性・行動観察・運動といった分野の問題の答えは省略されています。こうした問題では、各問のアドバイスを参照し、保護者の方がお子さまの答えを判断してください。

## 問題１　分野：言語（記名）

〈解 答〉　省略

当校の試験では、はじめに志願者自身に名前を書かせます。独特の問題ですが、ひらがなを書き分けたり、漢字を書けたりする必要はなく、自分の名前がひらがなで書け、読みができれば問題ありません。ですので特別な対策は必要ないでしょう。この問題の答案用紙に自分の名前を書いて練習しておいてください。鉛筆の持ち方や書く時の姿勢などは以外にチェックされていますから、お子さまに気になる点があれば、その際に指導するようにしましょう。

【おすすめ問題集】
　Ｊｒ・ウォッチャー26「文字・数字」

## 問題２　分野：推理（系列）

〈解 答〉　①下から２番目　②１番上

系列は記号や絵の並んでいるパターンを発見する問題です。具体的に言うと「○△□○△□？」という系列で「？」になっているところに何の記号が入るか、といった問題です（答えは「○」です）。この問題では、10以上の野菜や動物が並んで１パターンになっています。これを把握するのはよほどの記憶力がないと無理ですから、実際の解き方は「●の前はダイコンだから、ほかのところのダイコンの後はクリで…」と考えていくしかないでしょう。考えすぎるとかえって難しくなってしまう問題ですから、ほかのところでどのように並んでいるかに注目して、答えが出せればそれでよしとしてください。

【おすすめ問題集】
　Ｊｒ・ウォッチャー６「系列」

## 問題3　分野：図形（展開）

〈解 答〉　①右上　②右上

展開の問題です。②のようにやや複雑なものもあるので注意してください。展開の問題は「折った線の線対称に切り取った形が線対称（左右逆）にできる」ということが理解できればほとんどの問題に答えられますが、お子さまに言葉で説明しても、まず理解できません。手間はかかりますがやはり実物を見せて理屈を理解してもらいましょう。そのお子さま次第のところはありますが、たいていは「折った紙の一部を切り取る→開く」という作業を何度か見せれば仕組みが理解でき、こうした問題も直感的に答えられるようになります。

【おすすめ問題集】
Ｊｒ・ウォッチャー５「回転・展開」

## 問題4　分野：数量（１対１の対応）

〈解 答〉　下図参照

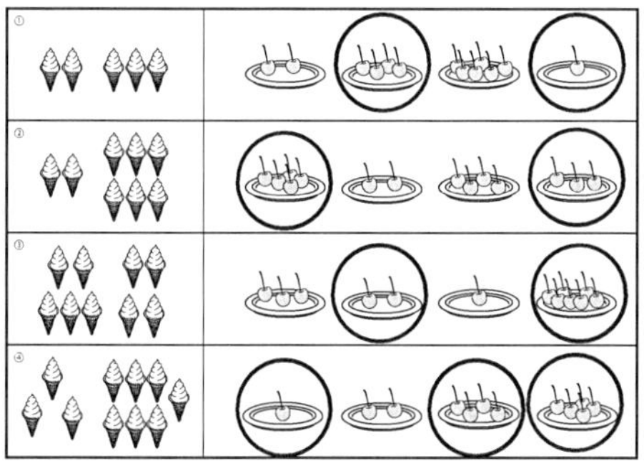

数量の問題です。当校の入試の数量はさまざまな切り口で出題されるのですが、観点は大きく分けて２つです。①10以下の数であれば、ひと目見ていくつあるのかがわかること。②２つの集合（塊）のどちらが多い、少ないといったことがわかるということです。ここでは１対１の対応、つまりセットにした時に当てはまるものを選ぶという問題ですが、要は左の四角に描いてあるソフトクリームの数とサクランボの数が同じになればよい、ということになります。ここで指折り数えて答えを出すよりも、ひと目見ていくつあるかがわかった方が当然早く答えることができ、数え間違いといったケアレスミスも防げます。

【おすすめ問題集】
Ｊｒ・ウォッチャー38「たし算・ひき算1」、39「たし算・ひき算2」、41「数の構成」

## 問題5　分野：複合（聞き取り・数える）

〈解 答〉　①○：右　②✓：左

お話を聞いて数について当てはまるものを選ぶ問題です。目で見るのではなく、言葉を理解して状況をイメージします。とは言っても、内容的にはそれほど難しいものではありません。正確にお話の内容を理解して、絵を見てそこに描いてあるものの数がわかれば答えに困ることはないでしょう。強調しておきたいのは、まず、指示やお話を正確に聞き取ることに集中すること。目の前に絵（答案）を配られるとどうしても目がそちらに向いがちですが、指示を聞いていないと解けないのが小学校入試の問題です。「答え方」まで指示されることが多いので、最後まで聞くようにしましょう。

【おすすめ問題集】
Ｊｒ・ウォッチャー14「数える」

## 問題6　分野：推理（比較）

〈解 答〉　①右から２番目　②左端　③真ん中

ものの長さ、重さなどを比較して順位付けする問題です。内容はさまざまですが、守って欲しいのは「何となく」で答えを決めないこと。「～だから、これが１番重い（長い・広い）」と理由を言えるように考えましょう。直感でも正解することはできるとは思いますが、それだと見返しても勘違いや見落としに気づけません。小学校入試の問題だけにそれほど複雑な問題は出題されないので、たいていの場合「（ほかの人が間違えないので）間違ってはいけない問題」になります。当校の入試でもそういった位置づけの問題です。解答時間をギリギリまで使って考えてください。

【おすすめ問題集】
Ｊｒ・ウォッチャー15「比較」、58「比較②」

## 問題7　分野：常識（生活・マナー）

〈解 答〉　①左下　②○：下段左、下段真ん中　✓：上段左・中・右、下段右

当校ではあまり出題例のなかった常識分野の問題です。①②も特に難しいことを聞かれているわけではありません。わからなければこういった問題の答えを覚えるよりは、実際に経験する、実物を見るといった形で知識を得た方が印象に残るだけなく、似たようなことを聞かれた時に勘を働かせて答えることもできるでしょう。常識問題で聞かれる知識のほとんどは生活の中で学べることです。保護者の方はその意識を持ってお子さまにマナーを含めた年齢相応の常識を身に付けさせるようにしてください。

【おすすめ問題集】
Ｊｒ・ウォッチャー56「マナーとルール」

## 問題8　分野：記憶（お話の記憶）

〈解答〉　下図参照

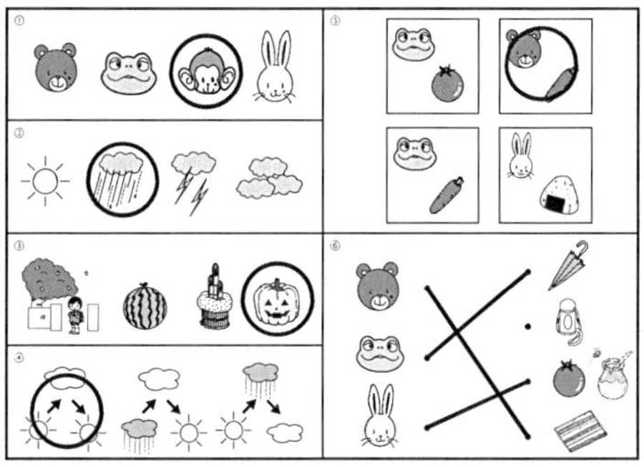

当校のお話の記憶の問題は、登場人物が少なくわかりやすいお話が多いので、記憶しやすいように思えるのですが、登場人物の心の動きや心情に関する質問があるので、お子さまによっては難しい問題と言えるかもしれません。対処としては「この時のカエルくんの気持ちは？」といった質問をお話の途中でしてみることです。そうすることでお子さまは登場人物の気持ちに注意しながらお話を聞くようになります。もちろん、基本はお話のポイントを「誰が」「いつ」「なにを」「どのように」といったことを整理しながら覚えていくことです。お話の流れを押さえ、登場人物の感情についても把握しておくことが当校では重要なってきます。

【おすすめ問題集】

1話5分の読み聞かせお話集①・②、1話7分の読み聞かせお話集入試実践編①
お話の記憶 初級編・中級編・上級編、Ｊｒ・ウォッチャー19「お話の記憶」、
34「季節」

## 問題9　分野：言語（文字・数字）

〈解答〉　下図参照

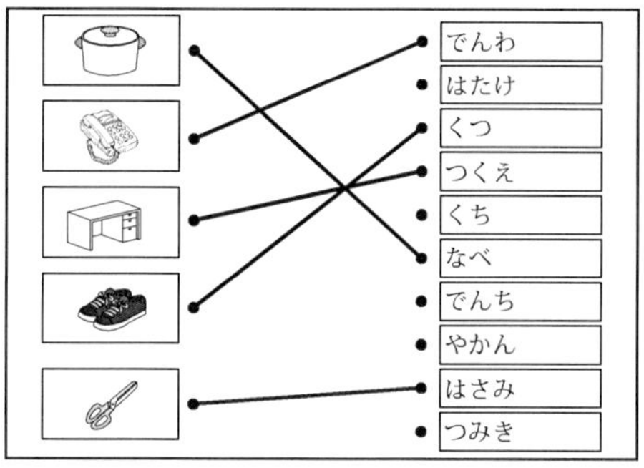


ひらがなの文字カードと絵を結ぶという問題です。この問題が出るので「自分の名前をひらがなで書く」「ひらがなが読める」という２つは必要ということになります。たいていのお子さまは日々くらしていくうちに、なんとなくひらがなの読み方を知っていくものですが、ここではその先取りを指示されているということになります。ただし、どんな学習でもそうですがやり過ぎよくありません。漢字や英単語にまで手を伸ばすと、かえって入学後の授業に集中できなくなります。なお、絵に描いてあるものが言葉にできなければ歳相応の語彙、言葉の知識がないということになります。言語分野の問題集などを使って補強してください。

【おすすめ問題集】

Ｊｒ・ウォッチャー26「文字・数字」

## 問題10　分野：言語（言葉の音）

〈解答〉　①○：キツネ　②○：サル　③○：時計（とけい）　④○：飛行機（ひこうき）

昨年もほぼ同様の問題が出題されています。「●」の言葉の音を並べて言葉を考え当てはまるものを選択肢の絵から探す、という問題です。言葉が音の組み合わせであるということはお子さまは理解しているはずですから、落ち着いて考えれば答えはすぐにわかるはずです。言葉が１音ずつの組み合わせであるという意識がないお子さまには「リンゴは「り」「ん」「ご」と１音ずつ区切って発音してみせ、お子さまにも同じように発音させてみましょう。なお、●の位置を勘違いすると違う選択肢が正解のように見えます。注意してください。

【おすすめ問題集】

Ｊｒ・ウォッチャー17「言葉の音遊び」、18「いろいろな言葉」、60「言葉の音（おん）」

## 問題11　分野：制作

当校の制作問題の特徴は具体的な手順の指示がないことです。見本を見て、自分で考えて作ります。あまり他校では見ない形ですので、こうした作業の経験のないお子さまには経験させておいてください。「段取り」を考える練習にもなります。この問題の場合は①紙皿を２つ折りにして不要部分を切る、②折り紙を見本の形に切る、③○の描いてある紙に目玉を描き、黒く塗ってから切り抜く。④①～③で作ったものを見本通りに貼り付ける。といった形でしょうか。時間は長めに取ってありますが、作業に慣れていないと意外と忙しいかもしれません。神経質になる必要はありませんが、「切る・貼る・塗る」といった作業はふつうに行えるようになっておいてください。

【おすすめ問題集】
実践 ゆびさきトレーニング①②③、Ｊｒ・ウォッチャー23「切る・貼る・塗る」

## 問題12　分野：運動

昨年は感染症対策として一部の入試は校外で行われたのですが、運動のテストも行われたようです。内容は例年ほとんど同じで特に練習が必要なものでもありません。目立つ必要はないので、指示を聞き、正しく理解してから行ってください。気になるようなら練習しておいてもよいですが、運動能力のテストではないので、「できる・できない」を気にする必要はありません。競走やゲーム形式のものでも勝敗は評価にほとんど関係ないということを知っておきましょう。

【おすすめ問題集】
新運動テスト問題集、Ｊｒ・ウォッチャー28「運動」

## 問題13　分野：面接（保護者面接・幼児面接）

コロナ関連の質問ありましたが、例年通り、志望理由、教育方針、お子さまの性格について聞かれています。将来、青山学院に進みたいから当校に入学したいのか、家庭の経済状態はどうなのか、といったストレートな質問もあります。どのように答えるのかを保護者同士で打ち合わせておいた方がよいでしょう。なお、志願者面接を含め、10分ほどと時間はそう長くありません。アットホームな雰囲気なので、マナーを守りつつ、入学意欲を見せる回答をしてください。

【おすすめ問題集】
家庭で行う面接テスト問題集、面接最強マニュアル、小学校面接Ｑ＆Ａ

**浦和ルーテル学院小学校　専用注文書**

年　　月　　日

# 合格のための問題集ベスト・セレクション

**＊入試頻出分野ベスト３**

| 1st　推　理 | 2nd　数　量 | 3rd　言　語 |
|---|---|---|
| 集中力　聞く力　観察力　思考力 | 観察力　思考力 | 聞く力　言語力 |

問題自体は標準レベルですが出題方法が独特です。過去問とその類似問題で慣れておきましょう。面接・アンケートなどは青山学院大学系属となったことで変化があります。要チェックです。

| 分野 | 書　名 | 価格(税込) | 注文 | 分野 | 書　名 | 価格(税込) | 注文 |
|---|---|---|---|---|---|---|---|
| 図形 | Ｊｒ・ウォッチャー１「点・線図形」 | 1,650円 | 冊 | 数量 | Ｊｒ・ウォッチャー41「数の構成」 | 1,650円 | 冊 |
| 図形 | Ｊｒ・ウォッチャー５「回転・展開」 | 1,650円 | 冊 | 図形 | Ｊｒ・ウォッチャー46「回転図形」 | 1,650円 | 冊 |
| 推理 | Ｊｒ・ウォッチャー６「系列」 | 1,650円 | 冊 | 巧緻性 | Ｊｒ・ウォッチャー51「運筆①」 | 1,650円 | 冊 |
| 数量 | Ｊｒ・ウォッチャー14「数える」 | 1,650円 | 冊 | 巧緻性 | Ｊｒ・ウォッチャー52「運筆②」 | 1,650円 | 冊 |
| 数量 | Ｊｒ・ウォッチャー15「比較」 | 1,650円 | 冊 | 図形 | Ｊｒ・ウォッチャー53「四方からの観察　積み木編」 | 1,650円 | 冊 |
| 数量 | Ｊｒ・ウォッチャー16「積み木」 | 1,650円 | 冊 | 数量 | Ｊｒ・ウォッチャー58「比較②」 | 1,650円 | 冊 |
| 言語 | Ｊｒ・ウォッチャー26「文字・数字」 | 1,650円 | 冊 | | ウォッチャーズアレンジ①②③④ | 2,200円 | 各　冊 |
| 行動観察 | Ｊｒ・ウォッチャー29「行動観察」 | 1,650円 | 冊 | | 実践 ゆびさきトレーニング①②③ | 2,750円 | 各　冊 |
| 推理 | Ｊｒ・ウォッチャー31「推理思考」 | 1,650円 | 冊 | | 面接テスト問題集 | 2,200円 | 冊 |
| 推理 | Ｊｒ・ウォッチャー33「シーソー」 | 1,650円 | 冊 | | １話５分の読み聞かせお話集①② | 1,980円 | 各　冊 |
| 数量 | Ｊｒ・ウォッチャー37「選んで数える」 | 1,650円 | 冊 | | １話７分の読み聞かせお話集入試実践編① | 1,980円 | 冊 |
| 数量 | Ｊｒ・ウォッチャー38「たし算・ひき算１」 | 1,650円 | 冊 | | 新 個別テスト・口頭試問問題集 | 2,750円 | 冊 |
| 数量 | Ｊｒ・ウォッチャー39「たし算・ひき算２」 | 1,650円 | 冊 | | 新 運動テスト問題集 | 2,320円 | 冊 |
| 数量 | Ｊｒ・ウォッチャー40「数を分ける」 | 1,650円 | 冊 | | | | |

| 合計 | 冊 | 円 |
|---|---|---|

| | |
|---|---|
| （フリガナ）<br>氏　名 | 電　話<br>ＦＡＸ<br>E-mail |
| 住 所　〒　　　－ | 以前にご注文されたことはございますか。<br>有　・　無 |

★お近くの書店、または記載の電話・FAX・ホームページにてご注文をお受けしております。
電話：03-5261-8951　FAX：03-5261-8953　代金は書籍合計金額＋送料がかかります。
※なお、落丁・乱丁以外の理由による商品の返品・交換には応じかねます。
★ご記入頂いた個人に関する情報は、当社にて厳重に管理致します。なお、ご購入の商品発送の他に、当社発行の書籍案内、書籍に関する調査に使用させて頂く場合がございますので、予めご了承ください。

日本学習図書株式会社
http://www.nichigaku.jp

◎学習効果を上げるため、前掲の「家庭学習ガイド」及び「合格のためのアドバイス」をお読みになり、各校が実施する入試の出題傾向を、よく把握した上で問題に取り組んでください。
※冒頭の「本書ご使用方法」「ご使用にあたっての注意点」も併せてご覧ください。

# 〈浦和ルーテル学院小学校〉

## *2020年度以前の問題*

### 問題14　分野：言語（記名）

〈準　備〉　鉛筆

〈問　題〉　上の段を見てください。四角が並んでいます。今からこの四角に自分の名前を書きます。私の名前は「にちがくたろう」ですから、このように「に」「ち」「が」「く」「た」「ろ」「う」と書きます。間違えてしまった時は、間違えたところに×を書いて、その上に書き直してください。
それでは、下の段に自分の名前を書いてください。

〈時　間〉　40秒

〈解　答〉　省略

［2020年度出題］

### 学習のポイント

当校の試験では、はじめに志願者自身に名前を書かせます。入学試験を行っている多くの小学校では、志願者に文字を書かせたり読ませたりすることはほとんどありません。あまり小学校入試では見られない問題と言えます。五十音の文字すべてを書き分けたり、漢字を書いたりすることは、この年齢のお子さまには難しいことですが、自分の名前ぐらいはひらがなで書けるようにしてほしいということかもしれません。練習をする際は、文字の大きさに気を付けてください。本問の用紙を参考にして、四角の中におさまるように書く練習をしましょう。なお、「め」「ぬ」「ね」などの区別が難しい文字や、「そ」「み」のように書きにくい文字、「し」「さ」「ち」などの鏡文字になりやすい文字が名前に含まれている場合は、特に練習をしっかりとしておくとよいでしょう。

【おすすめ問題集】
　Ｊｒ・ウォッチャー26「文字・数字」

## 問題15　分野：推理（系列）

〈準備〉　鉛筆

〈問題〉　（問題15－１、15－２の絵を渡して）
①左の四角の「●」「▲」「◎」が書いてあるところにはどの生きものが入りますか。正しい組み合わせを右の四角から選んで○をつけてください。
②左の四角の「●」「▲」「◎」が書いてあるところにはどの動物が入りますか。正しい組み合わせを右の四角から選んで○をつけてください。

〈時間〉　各１分

〈解答〉　①○：下から２番目　②○：１番下

［2020年度出題］

### 学習のポイント

系列は並び方の法則を見つけるための思考力が観点です。ハウツーとして、同じ記号や絵を探してそれぞれ別の指で押さえ、その指の間隔を保ったまま、「？」になっている部分、本問なら「●」などの記号の書いてあるマスに、一方の指を移動させて解答を導くという方法がありますが、ここではマスが直線で並んでいないので使いにくくなっています。何もこれは意地悪をしているわけではありません。むしろ、「ハウツーを使って正解を出しても意味がない、よく考えて答えてください」という出題者からのメッセージと考えてください。選択肢があるので、記号を考えて書く問題よりは少しは答えやすく、勘違いもしないでしょう。また、空欄となっているマスの数も多くありません。系列そのものは少し複雑ですが、どんな法則があるのかから考えても、充分答えられる時間の余裕があります。

【おすすめ問題集】
Ｊｒ・ウォッチャー６「系列」

## 問題16　分野：推理（ブラックボックス）

〈準備〉　鉛筆

〈問題〉　左の四角の絵が矢印の向こうへ動くと白いところが黒に、黒いところが白くなります。それぞれの段の右の四角から、正しいものを選んで○をつけてください。

〈時間〉　各30秒

〈解答〉　①○：右端　②○：左端

［2020年度出題］

## 学習のポイント

あまり見かけない問題ですが、「～を通ると～のように変わる」という形なのでブラックボックスの問題ととらえてもよいでしょう。多くのブラックボックスは、「トンネルを通過すると○が○○になる」といった、あるものの数が多くなる、あるいは少くなるといった数の増減を法則にしたものが多いのですが、ここでは色の反転を法則にしています。ただ、色の反転と言っても「白→黒」「黒→白」という単純かつ目にも明らかなものなので、注意していれば間違えることはありません。ケアレスミスをしないように1度に判断するのではなく、絵を分割して、部分ごとに照合しましょう。①なら、上段の「□」を見て選択肢で該当する四角が「■」なっているかを確かめ、そうなっているなら、となりの「○」が「●」なっているのを確かめる…といった手順を繰り返すわけです。最後まで確認して間違いがなければそれが正解ですし、1ヶ所でも違えばその選択肢はもう照合しなくてよい、ということになります。テンポよく行ないましょう。

【おすすめ問題集】

Ｊｒ・ウォッチャー31「推理思考」、32「ブラックボックス」

## 問題17　分野：数量（数の構成）

〈準 備〉　鉛筆（赤）

〈問 題〉　上の段を見てください。左の四角にあるサイコロの目の数を合わせると「５」になります。これと同じ数になるように、右の四角から２枚以上のカードを選んで○をつけてください。真ん中の段、下の段も同じように答えてください。

〈時 間〉　30秒

〈解 答〉　①○：左端と右端　②○：左から２番目と右から２番目
③○：左から２番目と３番目と右端

［2020年度出題］

## 学習のポイント

ここから数量の問題が３問続きましたが、いずれも「数に対する感覚」のあるなしを観点にした問題です。数に対する感覚とは、１～10までの数のものの集合ならそれがいくつあるかがわかったり（「リンゴが４個ある」）、２つの集合があればどちらが多いがわかる（「カゴに入っているリンゴの方が多い」）、という感覚のことを言います。ただし、この感覚は特別なものではなく、小学校受験をする年頃のお子さまでも自然と身に付いていることも多いものです。買いものをしたり、お菓子を配っていれば、無意識に行っていることだからです。この問題は「数の構成」ということで、２つの集合を合わせるといくつになるかを聞いていますが、「数に対する感覚」があれば、指折り数えたり、印を付けることなく直感で答えがわかります。そのレベルを目指して学習に取り組んでください。

【おすすめ問題集】

Ｊｒ・ウォッチャー38「たし算・ひき算1」、39「たし算・ひき算2」、
41「数の構成」

## 問題18　分野：数量（選んで数える）

〈準備〉　鉛筆（赤）

〈問題〉　**この問題の絵は縦に使ってください。**

①１番上の四角にある飛行機の数とトラックの数はどちらがいくつ多いですか。多い数と同じサイコロの目の数に○をつけてください。

②１番上の段の四角にあるパトカーの数と自転車の数はどちらがいくつ多いですか。多い数と同じサイコロの目の数にチェックをつけてください。

〈時間〉　各30秒

〈解答〉　①○：３のサイコロ　②✓：３のサイコロ

［2020年度出題］

### 学習のポイント

「選んで数える」問題です。正確に言うとその後、多いものの数から少ないもの数を引いて答えを出す必要がありますが、そこで間違えることは少ないでしょう。当校に限らず、数量分野の問題はおしなべて解答時間が短く、「慌てるように」作られています。そこで、慌てないように印を付けたり、○で囲んだりするハウツーを勧める人も多くいます。そのハウツー、単に理解するためならよいのですが、テストの答案に書き込むとなると問題になることがあります。例えば、答えと判別しにくいケース。答えに○をつけるという問題で、チェック用の記号に○を使ったりすれば誤解を受ける原因になるというわけです。できればですが、「きれいな答案」を作るようにしてください。その方が誤解を受けないだけでなく、「数に強い」という印象を与えます。

【おすすめ問題集】

Ｊｒ・ウォッチャー４「同図形探し」、37「選んで数える」、38「たし算・ひき算１」、39「たし算・ひき算２」

## 問題19　分野：数量（１対多の対応）

〈準備〉　鉛筆

〈問題〉　**この問題の絵は縦に使ってください。**

１番上の四角にハンバーガー、ポテト、ジュース、牛乳が描いてあります。これを使って「ハンバーガー、ポテト、ジュース」のセットを作ります。いくつ作れますか。その数だけ、下の四角に○を書いてください。

〈時間〉　30秒

〈解答〉　○：６

［2020年度出題］

## 学習のポイント

「（セットを作る品物ではハンバーガーの個数が最も少ないから）ハンバーガーの個数と作成可能なセットの数は同じ」ということがわかればすぐに答えが出ます。ただし、この発想ができなくてもダメではありません。答えは同じですから、いちいち食べものの数を数え、そこからいくつセットができるかを考えてもよいのです。ただ、こういった問題をいくつか解けば、より効率よく答えが出る考え方を発見してほしいところです。そうでなければ、効率のよい学習とは言えないでしょう。なお、この問題には「セットを○で囲む」というハウツーがありますが、それだけを覚えてもあまり意味はありません。いくつかの種類のものをわけて数える、その上で「セット」がいくつできるかを考えるという思考ができるか、というのがこの問題の観点です。ハウツーを使った答案を見れば、考えていないことがバレて減点される可能性もあります。

【おすすめ問題集】

Ｊｒ・ウォッチャー42「一対多の対応」、57「置き換え」

## 問題20　分野：図形（回転図形）

〈準　備〉　鉛筆

〈問　題〉　それぞれの段の左の絵を、矢印の数だけ右に倒すとどうなりますか。右の３つの中から選んで○をつけてください。

〈時　間〉　１分

〈解　答〉　①真ん中　②真ん中

［2020年度出題］

## 学習のポイント

頭の中で図形を移動させたり、回転・反転させたりするには、ある程度の経験が必要です。ただし、経験と言っても、こうした問題を解くことではなく、パズルやタングラム、積み木などの遊びを通じてのものでかまいません。ストレスのかからない形が１番です。家庭での学習で問題を解いた時に心がけたいのは「移動（回転・反転）させたらこうなる」と、お子さまに目で確認させることです。問題を解くのなら、ハサミを用意しておき、具体的な結果をお子さまに見せましょう。そうすれば、お子さまの経験は実感のあるものになり、やがて図形を操作できる段階まで到達できるでしょう。なお、本問のように図形を回転させる問題では、図形の特徴（角や色の違う部分）に注目し、それがどこに移動するのかを考え、矛盾のないものを選ぶ、という解き方もありますが、それも図形の操作ができてこその話です。段階を踏んで学習を進めていきましょう。

【おすすめ問題集】

Ｊｒ・ウォッチャー46「回転図形」

## 問題21　分野：記憶（お話の記憶）

〈準備〉　鉛筆

〈問題〉　**この問題の絵は縦に使ってください。**

これからお話をしますから、よく聞いて後の質問に答えてください。
ゆめこちゃんは保育園でお泊りする、「お泊り保育」をずっと楽しみにしていました。仲のよいお友だちと朝までずっといっしょにいられるなんてワクワクします。お泊り保育の前の日、お母さんが言いました。「ゆめこ、お泊り保育の準備をいっしょにしようね」「やったー！『なんでも自分でできるようにしておいてください』と保育園の先生も言ってたよ」「そうね。自分で何がどこにあるのか探せるようにしておきましょうね。リュックサックの１番大きなポケットには、下着と体操着、それから水筒とタオルも入れておきましょう。左の小さなポケットにはティッシュとハンカチを入れますよ」「お風呂に入る時には、大きなポケットから服とタオルを出せばいいんだね」「そうよ。お風呂から出た時着るのは体操着だからね」「わかった」「右の小さなポケットにはビニール袋と歯ブラシも入れておくね」「はーい。これで終わり？」「幼稚園に着ていく洋服を準備して終わり。帽子とスモックを忘れずにね」「できた」お泊り保育の日になって、ゆめこちゃんはお母さんに連れられて、ニコニコしながら保育園に行きました。お友だちのたかしくんに途中で会いました。たかしくんもニコニコしていました。次にりえちゃんに会いましたが、りえちゃんは泣いていました。はじめくんに会いましたが、はじめくんは涙目でした。りえちゃんもはじめくんもお母さんと別れる時、大泣きしていました。りえちゃんのお母さんはゆめこちゃんに「りえは家族と離れて泊まるのがはじめてだから、よろしくね」と言って、りえちゃんの方を振り向きながら帰りました。はじめくんは、お母さんと弟に「お兄ちゃんがんばってね」と励まされていました。先生が「さあ、みんな揃いました。今日はみんなで夕ご飯にカレーを作りますよ」と言いました。「わーい」「まずはじめに野菜の皮を剥きます。ジャガイモとニンジンはピーラーで、タマネギは手で剥きましょう。次に野菜を切ります。包丁やピーラーはあぶないから、先生たちといっしょに使いましょう」先生たちが野菜を切り終えると、お鍋にお肉を入れて、炒めます。野菜をグツグツ煮て、火が通ったら、最後にカレールーを入れて完成です。ルーを入れるとカレーのよいにおいがして、ゆめこちゃんたちはお腹がグーグーと鳴りました。「カレーができあがりましたよ」先生がみんなを集めて「いただきます」と言いました。おいしいおいしいカレーでした。みんなでお風呂屋さんに行ってお風呂に入った後、体操着に着替えて眠ります。りえちゃんとはじめくんはまた涙が出そうでしたが、たかしくんとゆめこちゃんが一生懸命２人を笑わせたので、みんなで楽しいお泊り保育になりました。翌朝、みんなのお母さんが迎えに来ました。みんな笑顔で帰りました。

①ゆめこちゃんたちが夕食に作ったものはどれですか。○をつけてください。
②ゆめこちゃんたちがお風呂に入ったあと着るものはどれですか。○をつけてください。
③ゆめこちゃんがお泊り保育に持っていったものはどれですか。○を４つつけてください。
④このお話を聞いていた３匹の動物が話をしています。話が正しい時には○を、間違っている時には×をその動物につけてください。まずはライオンです。「おうちの人といっしょじゃないから、りえちゃんもはじめくんも泣いちゃった」次にカバが言いました。「夢子ちゃんは『２人が泣いている』って、大きな声で先生に言ったんだよ」最後にブタが言いました「りえちゃんとはじめくんが泣いちゃったけど、みんなで楽しく過ごせるように、ゆめこちゃんとたかしくんは一生懸命２人のことを励ましたんだよ」
⑤カレーを作った順番で正しいものを選んで○をつけてください。

〈時間〉　①②30秒　③１分　④各30秒　⑤１分

〈解答〉　①左から２番目（カレー）　②右端（体操服）　③○：タオル、ティッシュ、歯ブラシ、水筒　④ライオン：○　カバ:×　ブタ：○　⑤○：１番上

［2020年度出題］

## 学習のポイント

お話の記憶のお話としては比較的長文です。こうした問題は「『誰が』『何を』『～した』といったお話のポイントをおさえる」「お話の場面を想像しながら聞く」といった基本が守れていないと、スムーズに答えるのが難しくなります。お話を丸暗記するわけにはいきませんから、１枚の絵のように場面を思い浮かべるようにお話の場面をイメージしてみましょう。慣れてくると、登場人物の服装や持ち物も含めて、その場面のイメージができます。例えば、「赤い帽子を被り、黄色いリュックサックを背負った女の子」といったイメージです。最終的にはセリフや動きもイメージしましょう。イメージができれば、情報が自然に整理されるので記憶にも残りやすくなるのです。「うちの子は記憶力が足りないからこういった問題は苦手」という話を保護者の方からよく聞きますが、記憶力そのものを鍛えようとしてもなかなか結果は出ません。むしろ、お子さまにあった記憶しやすい方法を考え、その練習を重ねさせると早く成果が出るものです。

【おすすめ問題集】

１話５分の読み聞かせお話集①・②、１話７分の読み聞かせお話集 入試実践編①
お話の記憶 初級編・中級編・上級編、Ｊｒ・ウォッチャー19「お話の記憶」

## 問題22　分野：言語（文字・数字）

〈準備〉　鉛筆

〈問題〉　絵のカードと、言葉のカードがあります。絵のカードにあう言葉のカードを選んで、線でつないでください。

〈時間〉　各20秒

〈解答〉　下図参照

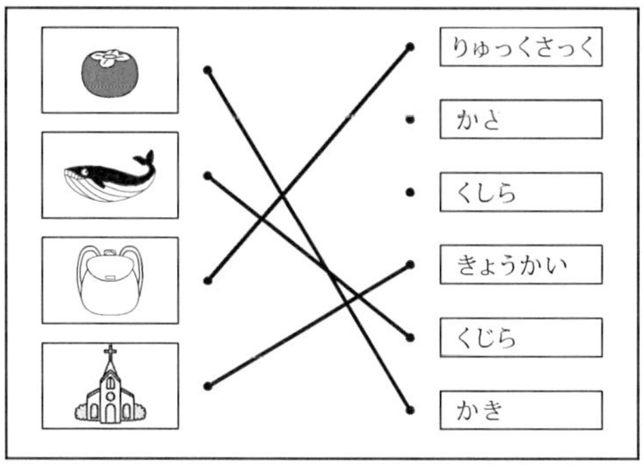


［2020年度出題］

**家庭学習のコツ①　「先輩ママのアドバイス」を読みましょう！**

本書冒頭の「先輩ママのアドバイス」には、実際に試験を経験された方の貴重なお話が掲載されています。対策学習への取り組み方だけでなく、試験場の雰囲気や会場での過ごし方、お子さまの健康管理、家庭学習の方法など、さまざまなことがらについてのアドバイスもあります。先輩ママの体験談、アドバイスに学び、ステップアップを図りましょう！

## 学習のポイント

試験の冒頭に解答用紙に名前を書きますが、問題にもひらがなが登場します。この問題は少なくともひらがなが読めないと答えに困ります。「自分の名前をひらがなで書く」「ひらがなが読める」という２つの能力は当校の入試に必要ということです。たいていのお子さまは日々くらしていくうちに、なんとなくひらがなの読み方を知っていくものですが、不安があるようなら確認しておいてください。ただし、どんな学習でもそうですがあまり先走らないように。カタカナ、漢字、アルファベットなどは下手に覚えると、「知っているから」などと言って入学してからの授業に身が入らなくなる原因になるそうです。当校は国語・英語教育に力を入れている学校ですから、きちんとしたカリキュラムが用意されています。そこから学んだ方が系統だった知識を得られるでしょう。

【おすすめ問題集】
Ｊｒ・ウォッチャー26「文字・数字」

## 問題23　分野：言語・常識（言葉）

〈準 備〉　サインペン

〈問 題〉　１番上の段の左の四角を見てください。絵が描いてあり、その横にその絵を表す言葉の音だけ丸が書いてあります。そのうち、●だけをつなげてできる言葉は何ですか。右の四角から選んで○をつけてください。ほかの段も同じように答えてください。

〈時 間〉　各30秒

〈解 答〉　①○：キツネ　②○：カイ　③○：トンボ　④○：飛行機（ひこうき）

［2020年度出題］

## 学習のポイント

言葉の音に関する出題ですが、内容は難しいものではありません。解き方は、「●」の言葉の音を並べて言葉を考え当てはまるものを選択肢から探す、という単純なものです。②の場合、●の音（「い」と「か」）から考えられる言葉は「いか」「かい」の２つですが、選択肢には「かい」しかないので「かい」を選ぶということになります。日本語は同音異義語が多い言語ですから、こういったケースもあるでしょう。また、①のように「き」「ね」「つ」と、音がランダムに並んでいて言葉が思いつかないというのなら、語彙がないというよりは、言葉を声に出す機会が少ないのかもしれません。話す機会が少ないとどうしても「音」に関する知識が不足します。文字を使わない言語の学習には実際に人と話すこと、話を聞くことが貴重な経験になります。保護者の方はお子さまにそういった経験の機会を設けるようにしましょう。

【おすすめ問題集】
Ｊｒ・ウォッチャー17「言葉の音遊び」、18「いろいろな言葉」、
60「言葉の音（おん）」

## 問題24　分野：制作

〈準 備〉　クレヨン、ハサミ、のり、ひも（30cm程度、２本）
※問題24-１、24-２の絵の上部の○部分にあらかじめパンチで穴を開けておく
※問題24-１を使用してお手本を作成しておく（①穴にひもを通し、固結び。②指定の色にクレヨンで着色）

〈問 題〉　**この問題の絵は縦に使ってください。**
（問題24-２、問題24-３の絵と材料・道具、あらかじめ作成しておいた問題24-１の絵を渡す）
これから制作のテストを始めます。お手本を見て、その通りになるように考えながら作ってください。

〈時 間〉　20分

〈解 答〉　省略

［2020年度出題］

### 学習のポイント

本問のような指示のない、自分で考える制作問題はあまり見たことがありません。直接の指示はないにしても、お手本を作る様子を見せるといったものが多いのです。「これを作るにはどうすればよいか」と考えるわけですから、発想力、課題を解決するための思考力が観点になっている問題とも言えます。もちろん、制作できるだけの器用さ、道具に関する知識なども必要ですが、作り方を思いつかないとどうしようもありません。まずは「どうすればよいか」を考える必要があるというわけです。なお、正しい作り方というものはないので、お子さまが自分で考えた方法で作ったら何でも正解です（見本と違うものができた時はダメですが）。このような「課題を与えられ、その解決方法を考える」という問題が、入試全体でも増えてきています。知識を覚えさせるだけではなく、思考力を鍛えるような学習の機会を与えるようにしてください。

【おすすめ問題集】
実践 ゆびさきトレーニング①②③、Ｊｒ・ウォッチャー23「切る・貼る・塗る」

**家庭学習のコツ②　「家庭学習ガイド」はママの味方！**

問題演習を始める前に、試験の概要をまとめた「家庭学習ガイド（本書カラーページに掲載）」を読みましょう。「家庭学習ガイド」には、応募者数や試験課目の詳細のほか、学習を進める上で重要な情報が掲載されています。それらの情報で入試の傾向をつかみ、学習の方針を立ててから、対策学習を始めてください。

**問題25**　分野：運動

〈準備〉　コーン、フラフープ

〈問題〉　【模倣体操】（全員でおこなう）
今から準備体操をします。私(出題者)と同じように、体を動かしてください。
①両手を広げてください。
②その場でジャンプをしてください。
③（ジャンプをしながら）それでは、右にグルグル回りながらジャンプをしてください。次に、左にグルグルまわりながらジャンプをしてください。

ここからは、私のポーズをまねしてください。
④両腕を横に広げて、片足で立って、カカシのポーズをしてください。
⑤片足で立ち、両手を広げて体は前へ、あげている方の足は後ろへ。
飛行機のポーズをしてください。

【基本運動】
先生の指示にしたがって、カラーコーンの間で実施する。
今からグループに分かれて競争をします。線のところからスタートして、ゴールまで来たら、列の１番後ろに並んで、自分の番になるまで座って待っていてください。
・クマ歩き
・スキップ
・ケンケンパ
・10メートル走

〈時間〉　８分

〈解答〉　省略

［2020年度出題］

## 学習のポイント

模倣体操は運動テストの準備体操です。指示に従ってください。基本運動は、例年似たような内容であり、練習すればできるものばかりです。無理にアピールする必要はないのでそれなりの動きをして、悪目立ちすることがないようにしてください。ここで評価の対象となるのは、体力・運動能力ではなく、指示を聞き、正しく理解して実行する能力です。もちろん、積極性や取り組む姿勢なども評価されますが、それはあくまでオプションで、ほかよりはっきりと優れたもの見せなければ加点されません。お子さまにそういった無理な注文（人に迷惑をかけないように目立つ、誰よりも優れた意見を言うなど）をしても空回りすることが多いので、余計なアドバイスはしない方がよいこともあります。あえて言葉をかけるなら、「ふだん通りにやって」で充分です。

【おすすめ問題集】
新運動テスト問題集、Ｊｒ・ウォッチャー28「運動」

## 問題26　分野：面接（保護者面接・幼児面接）

〈準　備〉　なし

〈問　題〉　**この問題の絵はありません。**

【保護者へ】
・本校に希望することをお聞かせください。
・本校への通学は時間が掛かりそうですが、問題はありませんか。
・説明会やプレ入試には何回出席されましたか。
・お子さまが入学後に学校を辞めたいと言ったらどうしますか。
・お子さまが体調を崩した時、仕事中でも迎えに来られますか。
・入学後にトラブルがあった時、どのように対処しますか。
・現在のお仕事内容についてお聞かせください。
・週末はどのように過ごしていますか。お仕事は休めますか。
・キリスト教についてのお考えをお聞かせください。
・お子さまは、どのような子ですか。長所と短所などを含め、具体的にお聞かせください。

【志願者へ】
・お名前を教えてください。
・お家の人は、あなたも入れて何人ですか。
・それは誰ですか。
・好きな食べ物（動物・遊び）を教えてください。
・それはどんな食べ物（動物・遊び）ですか。詳しくお話してください。

〈時　間〉　10分程度

〈解　答〉　省略

［2020年度出題］

### 学習のポイント

面接時間は10分、面接担当者は１名、保護者面接と志願者面接が別々に行われます。質問項目としてスタンダードなものは、志望理由、教育方針、お子さまの性格についてなどがあります。保護者同士で話す内容を事前に確認しておきましょう。キリスト教についての考えが例年問われていますが、信仰について聞かれるわけではありません。宗教および宗教教育に対しての考え方を整理しておけば充分です。なお、青山学院系属となった影響なのか、説明会やプレ入試の出席回数、入学後の通学にについてといった入学に対する真剣度を測るような質問も見られるようになってきました。嘘をついてはいけませんが、意欲をアピールするチャンスです。前向きな答えをしてください。なお、志願者面接では、名前や家族についての質問の後に、志願者の回答をさらに広げる質問が出されるようです。ふだんから１問１答式ではなく、もう１歩詳しく話したり、体験を添えて話す練習をしておけば、そういった質問にも無難に答えられるでしょう。

【おすすめ問題集】
家庭で行う面接テスト問題集、面接最強マニュアル、小学校面接Q＆A

## 問題27　分野：保護者アンケート

〈準 備〉　筆記用具

〈問 題〉　**この問題は保護者へのアンケートです。絵はありません。**
（アンケートは志願者の考査中に実施される）
①ご両親の職業と学歴。
②本校の特徴を５つ挙げてください。
③本校を含め、志望校を３校挙げてください。

〈時 間〉　20分

〈解 答〉　省略

［2020年度出題］

### 学習のポイント

保護者アンケートは、お子さまの考査中に15分で保護者が記入します。下書きは持ち込み不可です。すべてその場で答えられる質問ですが、上記の質問に対する答えぐらいは、あらかじめ考えおいた方が落ち着いて記入できるでしょう。具体的なことを聞く質問が多いので、取り繕って模範的な解答を書く必要はありません。知りたいのは「合格した場合に本当に入学するのか」という１点です。当校入学の意欲を見せれば評価されるでしょうし、滑り止めとして受けていると見られればそれなりの評価をされます。どちらにしろ、伝わらないと意味がありませんから、わかりやすい言葉を使って端的に書きましょう。美辞麗句を連ねたからといって、よい評価を受けるわけではありません。なお、②についてはあえて答えを書きませんが、受験をするならその程度のことは知っておくべきことです。③については事実を書いておきましょう。嘘を書くと余計なトラブルの種になります。

【おすすめ問題集】
新 小学校受験 願書・アンケート・作文 文例集500

## 問題28　分野：数量（数の増減）

〈準 備〉　鉛筆

〈問 題〉　（問題28-１の絵を渡す）
１番上の段を見てください。左側に２つの絵があります。この２つの絵に描かれているものの数を合わせるといくつになりますか。その数とおなじサイコロに○をつけてください。できたら、残りの問題も同じように進めてください。
（問題28-２の絵を渡す）
１番上の段を見てください。左側のサイコロの目と同じ数を作るには、右のどの絵を選べばよいですか。２つ選んで、○をつけてください。できたら、残りの問題も同じように進めてください。

〈時 間〉　各20秒

〈解 答〉　（問題28-１）①真ん中　②左　③右
（問題28-２）④⑤⑥下図参照

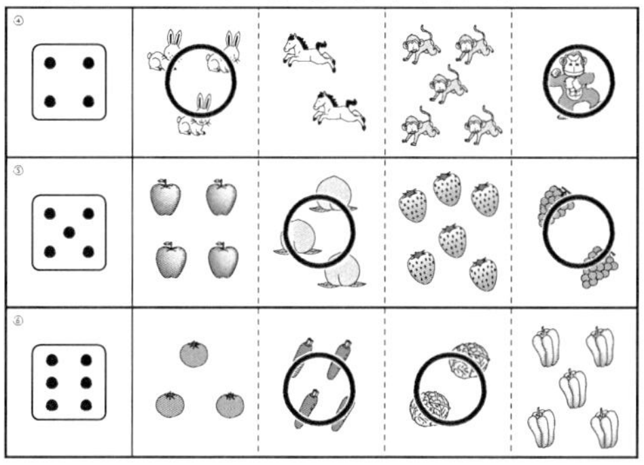

［2019年度出題］

### 学習のポイント

数量分野では、数の増減に関する問題が例年出題されています。問題の中で扱われている数字は、すべて10以下の数です。10までの数を素早く数え、簡単な増減ができるように練習をしておきましょう。問題28-１では、２つの絵に描かれているものの合計を答え、問題28-２では、指示された数になるように２つの絵を選びます。数を選ぶ時、サイコロの目で答えるのは当校の特徴の１つです。この問題は、記号としての数字と、「何が～個ある」ということを対応させて考えられるかということを観点とした問題と言えます。サイコロの目を数字として考えることに慣れていない場合は、サイコロに描かれている黒い丸を数えればよいと言ってください。なお、たして5になる数字の組み合わせを覚えておくと、このような問題で役立ちます。5と0、4と1、3と2、2と3、1と4、0と5の6通りですから、すぐに覚えられるでしょう。

**【おすすめ問題集】**
Ｊｒ・ウォッチャー14「数える」、38「たし算・ひき算1」、39「たし算・ひき算2」

## 問題29　分野：数量（計数）

〈準備〉　鉛筆

〈問題〉　上の段の絵をよく見て、質問に答えてください。
①リンゴはいくつありますか。その数と同じ数だけ○が書かれている四角を、下から選んで○をつけてください。
②イチゴはいくつありますか。その数と同じ数だけ○が書かれている四角を、下から選んで△をつけてください。
③ブドウはバナナよりどれだけ多いですか。多い分だけ○が書かれている四角を、下から選んで×をつけてください。

〈時間〉　各20秒

〈解答〉　下図参照

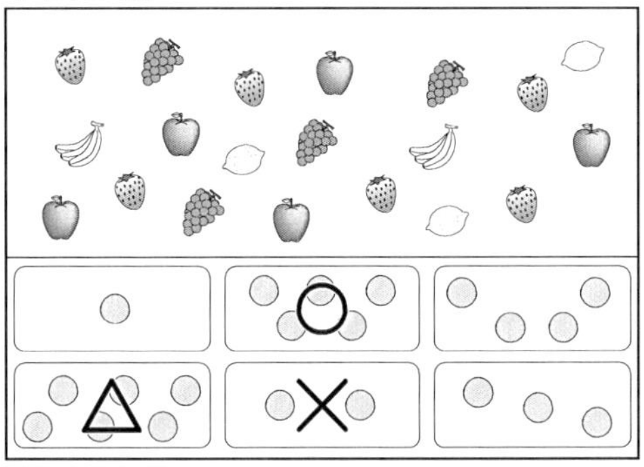

［2019年度出題］

### 学習のポイント

当校の数量分野の問題では、ランダムに散らばっているものの数を数える問題が例年出題されています。このような問題では、正確に数えるための観察力と集中力が求められています。散らばっているものを正確に数えるには、絵の上下を視界に入れながら、視線を左から右へと動かしていく方法がおすすめです。例えば本問でリンゴを数える場合、絵の左側を見ると、下の方に１個目が見えます。そのまま少し右へ目を動かすと真ん中あたりに２個目が見え、さらに右へ進めると下に３個目、上に４個目が連続で見えてきます。そのまま目を動かすと、右端の真ん中あたりに５個目が見つかります。ほとんどのお子さまがふだん行っている目の配り方ですが、お子さまによってはほかの方法に慣れていることもあるでしょう。さまざまな数え方を試してみて、お子さまが自信をもって数えられる方法を見つけてあげてください。

【おすすめ問題集】
Ｊｒ・ウォッチャー37「選んで数える」

**家庭学習のコツ④　効果的な学習方法～お子さまの今の実力を知る**

１年分の問題を解き終えた後、「家庭学習ガイド」に掲載されているレーダーチャートを参考に、目標への到達度をはかってみましょう。また、あわせてお子さまの得意・不得意の見きわめも行ってください。苦手な分野の対策にあたっては、お子さまに無理をさせず、理解度に合わせて学習するとよいでしょう。

## 問題30　分野：数量（積み木の計数、同数発見）

〈準備〉　鉛筆

〈問題〉　絵の左側にある形は、それぞれいくつの積み木でできていますか。その数と同じ数のものを右から選び、線でつないでください。

〈時間〉　20秒

〈解答〉　下図参照

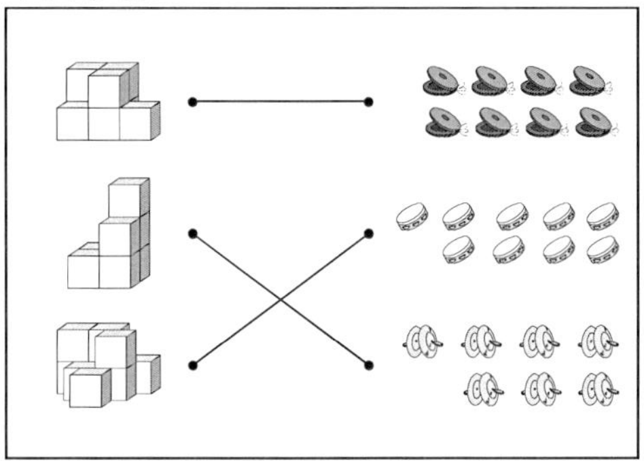

［2019年度出題］

### 学習のポイント

同じ数のものを線でつなぐ問題です。計数の問題としては、ほかの問題と同様に10以下の数を扱っているので、問題そのものはそれほど難しくはありませんが、解答時間が短いため、1度で正確に数える力が求められています。本問のポイントは、重ねられた積み木の数を正確に数えられるかどうかです。本問の絵のように積み木を重ねた場合、奥の方にある積み木は、手前の積み木に隠れて見えなくなっています。つまり、絵からは確認できない積み木の数も含めて、数えなくてはいけません。上手に数えるためには、積み木を数える順番を、あらかじめ決めておく方法があります。このような問題で、積み木が宙に浮いていることはないので、上の方にある積み木の下には、必ず別の積み木が置かれていることになります。そこで、立体をタテに切り分けて、左側から順番に数えると、隠れている積み木を数え忘れたり、同じ積み木を2度数えたりする失敗を減らすことができます。ふだんの練習では、平面に描かれた積み木を数えたあとで、実際に積み木で同じ形を作って、確認しながら数えることで、絵に描かれた立体を把握する力を伸ばしましょう。

**【おすすめ問題集】**

Ｊｒ・ウォッチャー14「数える」、16「積み木」、53「四方からの観察　積み木編」

## 問題31　分野：図形（回転図形）

〈準備〉　鉛筆

〈問題〉　左側にある絵を、１回右に回転させた時、どのような形になりますか。右の絵から選んで、○をつけてください。

〈時間〉　各20秒

〈解答〉　①右　②真ん中　③左　④右

［2019年度出題］

### 学習のポイント

回転図形の問題では、解き方をあらかじめ考えておいた方がスムーズに解けます。まず、図形の特定の部分（左上の形や目立つ形）に注目して、回転させた後その部分がどこへ移動するのかを確認します。そして、注目した部分の回転後の位置が正しい図形を見つけ、その図形を詳細に確認します。基本的にはこれで終わりですが、注意すべきなのは「△」です。○や□は回転しても形そのものは変わりませんが、△は回転することで向きが変わります。最初は１つの△を回転させ、その変化を確認してください。慣れてきたら、３×３のマスや三角形や星形など、少し複雑な模様の図形などにも挑戦しましょう。なお、小学校受験の回転図形の問題では、□を「１回右に回す」という指示は、右へ90度回転させるという意味です。

【おすすめ問題集】

Ｊｒ・ウォッチャー46「回転図形」

## 問題32　分野：図形（展開）

〈準備〉　鉛筆

〈問題〉　折り紙を図のように２回折ります。そのあと、折った紙を開くと、折り目はどのような形になりますか。右の四角の中から選んで○をつけてください。

〈時間〉　各20秒

〈解答〉　①真ん中　②下

［2019年度出題］

## 学習のポイント

折り紙を開いた時の形を答える展開の問題です。折られた紙を見て、展開後のイメージをするという点で、こういった問題に慣れていないお子さまには少し難しいかもしれません。「このように折られた紙を開くと、～のようになる」というパターンを覚えておく必要もあるでしょう。「四角に２回折った時には開くとこのようになる」「三角に２回折った時にはこのようになる」とパターン化するのです。それらを覚えるためには、こういった問題を数多く解くというのも１つの方法ですが、目で見て手を動かした方が覚えは早いでしょう。例えば、展開した時に折り目がどのように付くのかを予想して線を引き、次に実際に紙を開いた時、予想通りの形になった（あるいはならなかった）という経験をするのです。

【おすすめ問題集】

Ｊｒ・ウォッチャー５「回転・展開」

## 問題33　分野：推理（系列）

〈準備〉　鉛筆

〈問題〉　それぞれの段には、いくつかの形が、あるお約束の順番で並んでいます。空いている四角に入る形を、右から選んで○をつけてください。

〈時間〉　各20秒

〈解答〉　①右上　②左上　③右下

［2019年度出題］

## 学習のポイント

当校では、推理分野の問題が例年出題されています。その内容はシーソー、関係類推、系列、比較などさまざまですので、「指示を聞き」「絵を見て」「考える」という推理分野の基本の流れを学ぶことを意識して練習に取り組んでください。系列の問題は、記号がどのようなお約束で並んでいるのかを考えることが基本です。具体的には、まず系列の記号の並びを左から見わたして、同じ記号が２回目に出ているところを見つけ、次にその記号から１つずつ右へ同じ記号まで目を動かしていくと、その中間部分が「お約束」ということになります。例えば①では、１番目と４番目のマスに○がありますので、それぞれの○から右へ１つずつ進めていくと、○△×というお約束が見つかります。ただし、このように機械的に答えがわかるのは、基礎問題だけです。パターンが複雑になれば使えませんし、直線以外の系列（観覧車など円形の系列など）にも、もちろん使えません。

【おすすめ問題集】

Ｊｒ・ウォッチャー６「系列」、31「推理思考」

## 問題34　分野：言語（ものの名前）

〈準備〉　鉛筆

〈問題〉　絵のカードと、言葉のカードがあります。絵のカードにあう言葉のカードを選んで、線でつないでください。

〈時間〉　各20秒

〈解答〉　下図参照

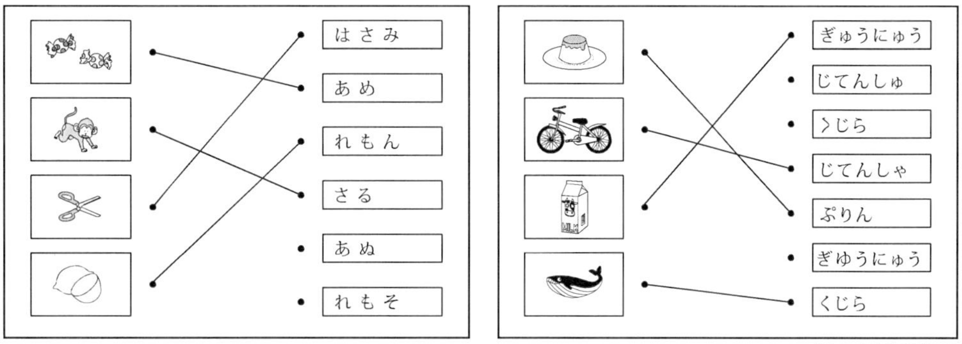


［2019年度出題］

### 学習のポイント

絵に描かれているものの名前のひらがなを見つける問題です。ひらがなが読めなくては解答できないという、小学校入試ではあまり見かけないものです。また、濁音、拗音、撥音、促音の入ったもの、「じてんしゅ」といった存在しないものまで選択肢となっています。こうなってくると、ひらがながすべて読めないと答えられない、ということになります。五十音表をただ見せてもお子さまはなかなかひらがなを覚えないので、文字と絵の両方がある言葉カードのようなものを利用しましょう。ひらがなを本格的に覚えようということではないので、そのカードを見ながら「『あめ』の『あ』はこのひらがな」ということがわかればよいのです。また、カードは小学校入試の言語分野で出題されるものに限定してもかまいません。日用品、食品、身近な動植物などお子さまの生活に関わるもので充分です。

【おすすめ問題集】
Ｊｒ・ウォッチャー26「文字・数字」

## 問題35　分野：図形（模写）

〈準備〉　鉛筆

〈問題〉　左側に書かれている絵を、右側に書き写してください。

〈時間〉　各30秒

〈解答〉　省略

［2019年度出題］

## 学習のポイント

模写の問題では、座標上の位置を正確にとらえることと、きれいにまっすぐな線を引くことがポイントです。座標上の位置は、常に「左から○番目、上から○番目」というように把握する習慣をつけておくとよいでしょう。お手本の形から、始点を決めて、そこから2方向に線を引くと、次の作業がわかりやすくなり、間違いも少なく、きれいにまっすぐな線を引けます。本問なら上段の絵の場合右上の角、下段の場合中央上のあたりが始めやすいところです。注意したいのは、斜め線を引くところです。正しい運筆、つまり、正しく鉛筆の使い方をしていないとどうしても線が歪んでしまいます。雑に見えないように注意しましょう。

【おすすめ問題集】

Ｊｒ・ウォッチャー１「点・線図形」、51「運筆①」、52「運筆②」

## 問題36　分野：行動観察（グループ行動）

〈準備〉　ボール（バレーボールなど）、棒状に丸めた新聞紙、バドミントンのラケット、箱、卓球のラケット、ペットボトル、びんなど

〈問題〉　**この問題の絵はありません。**

私が「はじめ」と言ったら始めてください。

- グループのみんなで相談して、机の上に置いてあるものの中から２つ選んでください。
- 今選んだものを使って、ボールを挟みながら運びます。運ぶ時に、ボールを手で触ってはいけません。
- 私（先生）が、言った順番に、２人ずつ並んでください。
- ２人で向こうにあるマットの上までボールを運び、その向こうにいるお友だちとバトンタッチします。
- ボールを落した時は、その場でボールを拾って続けてください。手で拾ってはいけません。
- 最後の２人がボールをマットに置いたらゴールです。それでは始めましょう。
- もう一回やります。今度はさっきとは違う道具を選んでください。
- 終わったら、みんなでお片付けをしましょう。

〈時間〉　12分

〈解答〉　省略

［2019年度出題］

## 学習のポイント

2人1組でおこなうグループ活動です。説明を聞くとそれほど難しいものとは思えませんが、実際にやってみると、2人の息を合わせないとうまくいきません。一度練習しておいた方がよいでしょう。観点としては、指示されたことを理解してその通りに実行できるかということと、協調性です。ペアになる相手次第という面はありますが、コミュニケーションをとりながらスムーズに行えれば問題ありません。問題はコミュニケーションの取りづらいお子さまがペアになった時ですが、相手をリードしようとするよりは、相手の動きに合わせようとしてください。運動能力のテストではないので多少動きが遅くなったとしても評価は悪くなりません。

【おすすめ問題集】

Ｊｒ・ウォッチャー29「行動観察」

## 問題37　分野：お話の記憶

〈準備〉　鉛筆

〈問題〉　お話を聞いて、次の質問に答えてください。

今日は遠足の日です。みんなでドングリ山まで行くのです。キツネくんが待ち合わせの場所へ行くと、タヌキくんとパンダさんとサルくんが待っていました。「おはよう」とキツネくんが言うと、「おはよう。今日はよい天気だね」とパンダさんが答えました。そこへ「遅くなってごめんね」と、ウサギさんがあわてて走ってきました。みんな揃ったので、バスに乗ってドングリ山へ向かいました。ドングリ山に着くと、みんなで頂上をめざして出発しました。イチョウの葉がじゅうたんのように一面に広がっている道を、歌をうたいながら歩きました。頂上に着いたので、みんなでお弁当を食べることにしました。キツネくんは、「ぼくはいなり寿司をたくさん持ってきたんだ。とってもおいしいから、みんなに１つずつあげるね」と言いました。「キツネくんありがとう。とってもおいしいね」とパンダさんは大よろこびです。「じゃあ、お礼にカキをあげるね」と言って、タヌキくんは持ってきたカキを１つ、キツネくんにあげました。お弁当を食べ終わってから、みんなでかけっこをしました。「ヨーイ、ドン」と、ゴールの大きな木を目指して、みんなでいっせいに走りだしました。キツネくんは先頭を走っていましたが、途中でウサギさんに抜かれてしまいました。ウサギさんがそのまま１位かと思ったら、最後にサルくんがウサギさんを抜いてゴールしました。キツネくんは３位でした。「あー、楽しかった。そろそろ帰ろうよ」とパンダさんが言ったので、おみやげのドングリを拾いながら、みんなでお家に帰りました。

①キツネくんたちは、ドングリ山まで何に乗って行きましたか。選んで○をつけてください。
②かけっこで１番だったのは誰ですか。選んで○をつけてください。
③キツネくんは、タヌキくんにいなり寿司をいくつあげましたか。その数だけ○を書いてください。
④お話に出てきたものに、○をつけてください。

〈時間〉　各10秒

〈解答〉　①左から２番目（バス）　②右から２番目（サル）　③○：１
④イチョウ、カキ、ドングリ、いなり寿司

［2018年度出題］

## 学習のポイント

当校のお話の記憶問題は、標準的な長さのお話に、設問が数問という標準的なものです。動物たちが遠足に行くという内容で、そこに出てきた乗りものや食べものについての質問が出るといった形ですから、小学校受験としてはスタンダードな形式、内容と言えるでしょう。読み聞かせなどを通して聞く力を付ければ充分に対応できます。ただし、③のいなり寿司の数の問題は少しややこしいので要注意です。キツネくんはいなり寿司をみんなに１つずつ、合計で４つあげていますが、「タヌキくんがもらった数」は１つです。聞き流していると勘違いしてしまうかもしれません。保護者の方は、当校ではこうした出題もあるということをお子さまに教えておきましょう。「ひっかけ」に要注意、ということです。

**【おすすめ問題集】**

１話５分の読み聞かせお話集①②、１話７分の読み聞かせお話集入試実践編①、
お話の記憶　初級編・中級編・上級編、Ｊｒ・ウォッチャー19「お話の記憶」

## 問題38　分野：数量（数の増減）

〈準 備〉　鉛筆

〈問 題〉　（問題38-１の絵を渡す）
１番左の列を見てください。２つのお皿に載せられたアメを、箱に入れます。箱の中にはいくつアメが入っていますか。その数だけ、下にあるアメに○をつけてください。できたら残りの問題も進めてください。
（問題38-２の絵を渡す）
１番左の列を見てください。上にあるアメを、お皿と箱の２つに分けます。箱の中にはいくつアメが入っていますか。その数だけ、下にあるアメに○をつけてください。できたら残りの問題も進めてください。

〈時 間〉　各10秒

〈解 答〉　①○：５　②○：６　③○：６　④○：２　⑤○：４　⑥○：７

［2018年度出題］

## 学習のポイント

数の増減に関する問題です。本問は10以下の数を一目でとらえる力と、簡単な増減を正確に理解する力が観られています。２つの数の合計については、左側のアメに右側のアメからいくつかを合わせて５個のアメを作り、残ったアメを加えて答えを出すといった、５を基準に考える方法がよく知られています。まずは、この方法で計算することに慣れてください。練習を繰り返すうちに、５を意識しなくても２つの数をスムーズに合計できるようになります。数を２つに分ける場合は、上のアメから下のアメの分だけ取り除き、余った数を数えれば答えが見つけられます。計算で答えを求める場合は、２つの数の合計と同じように、２つの数で５を作る組み合わせを知った上で、５以外の数を作る組み合わせについても考えて、対応できる幅を広げるとよいでしょう。

**【おすすめ問題集】**

Ｊｒ・ウォッチャー38「たし算・ひき算1」、39「たし算・ひき算2」、
40「数を分ける」

## 問題39　分野：数量（数の多少）

〈準備〉　鉛筆

〈問題〉　上の段の絵を見て、質問に答えてください。
①ニワトリとヒヨコでは、どちらが多いですか。多い方を選んで、下の絵に○をつけてください。
②リスとサルでは、どちらが多いですか。多い方を選んで、下の絵に多い分だけ○をつけてください。

〈時間〉　各20秒

〈解答〉　下図参照

［2018年度出題］

### 学習のポイント

数の多少を比べる問題では、それぞれの数を数えた後で、その数を比べるのが基本的な方法です。まずは、１つひとつ数えて比べる方法で解きましょう。ランダムに散らばったものを数える時には、絵の上から下までを１度に見る感じで、左から右へと目を動かしていくと、見落とし、重複なく数えることができます。この方法に慣れてきたら、数が増えても混乱しないように、効率のよい方法も試してみましょう。例えば①の場合、ニワトリを１羽見つけたら、ヒヨコを１羽探すというように、ニワトリとヒヨコをセットにして数えます。ニワトリは３羽しかいないので、その時点でセットができなくなってしまい、残っているヒヨコの方が多いことがわかります。しかし、このようなハウツーで答えを出した場合、小学校が求めている力が身に付いていなくても、正解をすることができる場合があります。あくまで正解を見つけるための技術でしかないことを理解した上で使ってください。

**【おすすめ問題集】**

Ｊｒ・ウォッチャー15「比較」、37「選んで数える」、58「比較②」

## 問題40　分野：推理（シーソー）

〈準備〉　鉛筆

〈問題〉　①上の段を見てください。リンゴとレモンとイチゴの重さをシーソーで比べました。２つのシーソーが、左の絵のように傾いた時、３つ目のシーソーはどのようになりますか。右から選んで○をつけてください。
②下の段を見てください。リンゴとレモンとイチゴとサクランボの重さをシーソーで比べました。３つのシーソーが、左の絵のように傾いた時、４つ目のシーソーはどのようになりますか。右から選んで○をつけてください。

〈時間〉　各20秒

〈解答〉　①上　②下

［2018年度出題］

### 学習のポイント

シーソーの問題です。小学校入試の問題でよく見られるシーソーの問題では、１番重いものなど、重さの順番を答えるのが一般的ですが、本問では２つのものの重さの関係を答える問題となっています。解答形式が違っていても、基本的な考え方は同じです。それぞれの重さの関係を確認し、重い順に並べた上で答えを見つけます。例えば①の場合、左のシーソーからリンゴはイチゴよりも重いことがわかり、右のシーソーからイチゴはレモンよりも重たいことがわかります。この２つの関係から、重い順にリンゴ>イチゴ>レモンとなることがわかり、レモンとリンゴを比較した選択肢のシーソーでは、上の絵が正解となります。注意したいのは、問題の中の果物の重さの関係は、描かれている大きさや、実際の果物の重さとは無関係ということです。「リンゴは大きいから重い」「イチゴはふつう軽い」などと、思い込みで判断したりしないように、あくまでもシーソーを使った比較で判断するように指導してください。

【おすすめ問題集】
Ｊｒ・ウォッチャー31「推理思考」、33「シーソー」

## 問題41　分野：推理（ものの関係）

〈準備〉　鉛筆

〈問題〉　左の絵にあうものを、右の絵から探します。
上の段を見てください。左の絵のようにサッカーボールにあうのは、サッカーゴールです。では、同じように右の絵にあうものを、絵から探して○をつけてください。できたら、下の段も同じように絵に合うものを答えてください。

〈時間〉　各20秒

〈解答〉　①下　②真ん中

［2018年度出題］

## 学習のポイント

２つのものの関係を類推して答える問題です。本問では「あうもの」という言葉が使用されていますが、これが「同じ関係になるもの」という意味であることを、説明から理解しなければいけない点が、この問題の難しいところです。例えば①の場合、サッカーボールとサッカーゴールの関係は、「同じスポーツで使用する道具」ということです。この関係をふまえてバスケットボールと同じスポーツで使用する道具は、バスケットゴールとなります。②の場合は、「１回右に回転させる」という関係になるので、回転図形を探すつもりで答えを選べばよいでしょう。この問題からもわかるように、当校の問題では、あえてわかりやすい説明を避けていると思われるような表現が使われることがあります。それは、説明をしっかり聞いてほしいということの表れですので、ふだんから説明を最後まで聞き取ることを徹底しておくとよいでしょう。

【おすすめ問題集】

Ｊｒ・ウォッチャー31「推理思考」

## 問題42　分野：言語（ものの名前）

〈準備〉　鉛筆

〈問題〉　（問題42-1、42-2、42-３の絵を渡す）
絵のカードと、言葉のカードがあります。絵のカードにあう言葉のカードを選んで、線でつないでください。３枚とも同じように答えてください。

〈時間〉　各20秒

〈解答〉　省略

［2018年度出題］

## 学習のポイント

絵に描かれているものの名前をあらわしている言葉を見つける問題です。ものの名前を知っていることだけでなく、ひらがなを読む力も求められています。入学試験を行っている小学校のほとんどでは、ひらがなを読むことを課していませんが、当校では例年出題される問題として、しっかり準備をしておいてください。本問では、絵のカードと文字のカードが４枚ずつ用意されているので、２組ほど見つけることができれば、読めない字があっても全問解答できる場合もあります。しかし、カードをよく見ると、「かき」と「かさ」などのように、紛らわしい文字をつかったカードが多数用意されています。混乱しないように、お子さまが見間違いしやすい文字をふだんからチェックしておくとよいでしょう。

【おすすめ問題集】

Ｊｒ・ウォッチャー26「文字・数字」、51「運筆①」、52「運筆②」

## 問題43　分野：図形（点・線図形）

〈準備〉　鉛筆

〈問題〉　（問題43−１、43−２の絵を渡して）
左側に書かれている絵を、右側に書き写してください。２枚とも同じように書いてください。

〈時間〉　各20秒

〈解答〉　省略

［2018年度出題］

### 学習のポイント

模写の問題では、座標上の位置を正確にとらえることと、きれいにまっすぐな線を引くことがポイントです。座標上の位置は、常に「左から〇番目、上から〇番目」というように把握する習慣をつけておくとよいでしょう。問題43-１は、まさに座標を正確にとらえることがポイントとなっている問題です。すべての座標を確認しながら、１本ずつていねいに点をつないでください。一方、問題43-２は、斜めの線をさまざまなパターンで引く、かなり難しい問題です。座標のとらえ方も、「始点から右へ〇つ、上へ〇移動した点」のように、始点と終点を正確に確認しなければいけません。場所によっては、かなり長い線を引かなければいけないことも、この問題を難しくしています。座標を確認して、ある程度一気に「線を引く」方がうまく線が引けます。このことを心がけて、練習を進めてください。

**【おすすめ問題集】**

Ｊｒ・ウォッチャー１「点・線図形」、51「運筆①」、52「運筆②」

## 問題44　分野：巧緻性（工作）

〈準 備〉　台紙用の厚紙（１枚、あらかじめ穴を２つ開けておく）、色画用紙（２～３色）、クーピーペン、鉛筆、ハサミ、のり、ひも、問題44の絵を参考にお手本を作っておく。

〈問 題〉　【概要説明】
これから、工作のテストを始めます。みなさんの机の上に、お手本があります。お手本をよく見て、よく考えて、同じものを作ります。

【材料の配布】
いまから、材料を配ります。ひもはあとで配ります。
・はじめに「台紙」を配ります。これに紙を貼ったり、色を塗ったりします。
・次に、「色紙」を配ります。これを切って、台紙に貼ります。
・次は、「クーピーペン」です。色を塗ったりするところで使います。
・下書きをしたい人がいるかもしれませんので、「鉛筆」も配ります。
・最後は「ハサミとのり」です。これを使ってください。

【制作の注意点】
・画用紙は、今渡したものだけを使います。間違えても新しいものはあげません。間違えた時は、上手く工夫してください。
・テストなので、わからないことがあっても教えません。自分で考えて作ってください。
・クーピーペンが折れたり、のりのふたが開かない時は、手をあげて教えてください。

作る時間は10分です。では、始めます。

【ひも結びの説明】
10分後に、作業を止めさせて説明する。
・最後にひもをつけます。
・みなさんが作ったものに２つの穴があいているので、ここにひもを通します。
・やり方を見ていてください。
・それでは、ひもを配ります。
・ひもを結ぶ時間は２分です。では、始めます。

【片付け】
２分後に、作業を止めさせ。
・使った道具を、先生に返しに来てください。
・ごみは、ゴミ箱に捨てます。
それでは、テストを終わります。

〈時 間〉　25分

〈解 答〉　省略

［2018年度出題］

## 学習のポイント

工作・制作の試験では、道具を正しく使えているか、指示通りの行動ができているかなどが観点となっており、作品のよしあしは重要ではありません。きれいに作品を作ることよりも、失敗した時に投げ出したりしないかどうかの方が重視されていることがほとんどです。その点で、行動観察の意味合いを強く持った試験と言えます。当校の場合、「概要説明」から「片付け」まで、段階ごとに説明や指示があります。本問を見ればわかるように、道具の配布や準備などに関しては非常に詳細な説明をしていますが、作るものに関する説明は、「お手本を見て」「自分で考えて」などと、あえてざっくりとした説明にとどめられています。ひも通しについても、やり方を見せるだけで、言葉での説明は一切なかったそうです。このことから、指示や説明をしっかりと聞くだけでなく、あいまいな部分は自分で考えて補って行動することをねらいとしていると考えられます。ご家庭で練習する際も、ある程度工作に慣れているなら、本試験の形式を真似てみるとよいでしょう。

【おすすめ問題集】

実践 ゆびさきトレーニング①②③

☆浦和ルーテル学院小学校

# 問題１４

ろ

| | | | | | | | | | |
|---|---|---|---|---|---|---|---|---|---|
| に | ち | が | く | た | ~~る~~ | う | | | |

| | | | | | | | | | |
|---|---|---|---|---|---|---|---|---|---|
| | | | | | | | | | |

# 問題１５－１

☆浦和ルーテル学院小学校

①

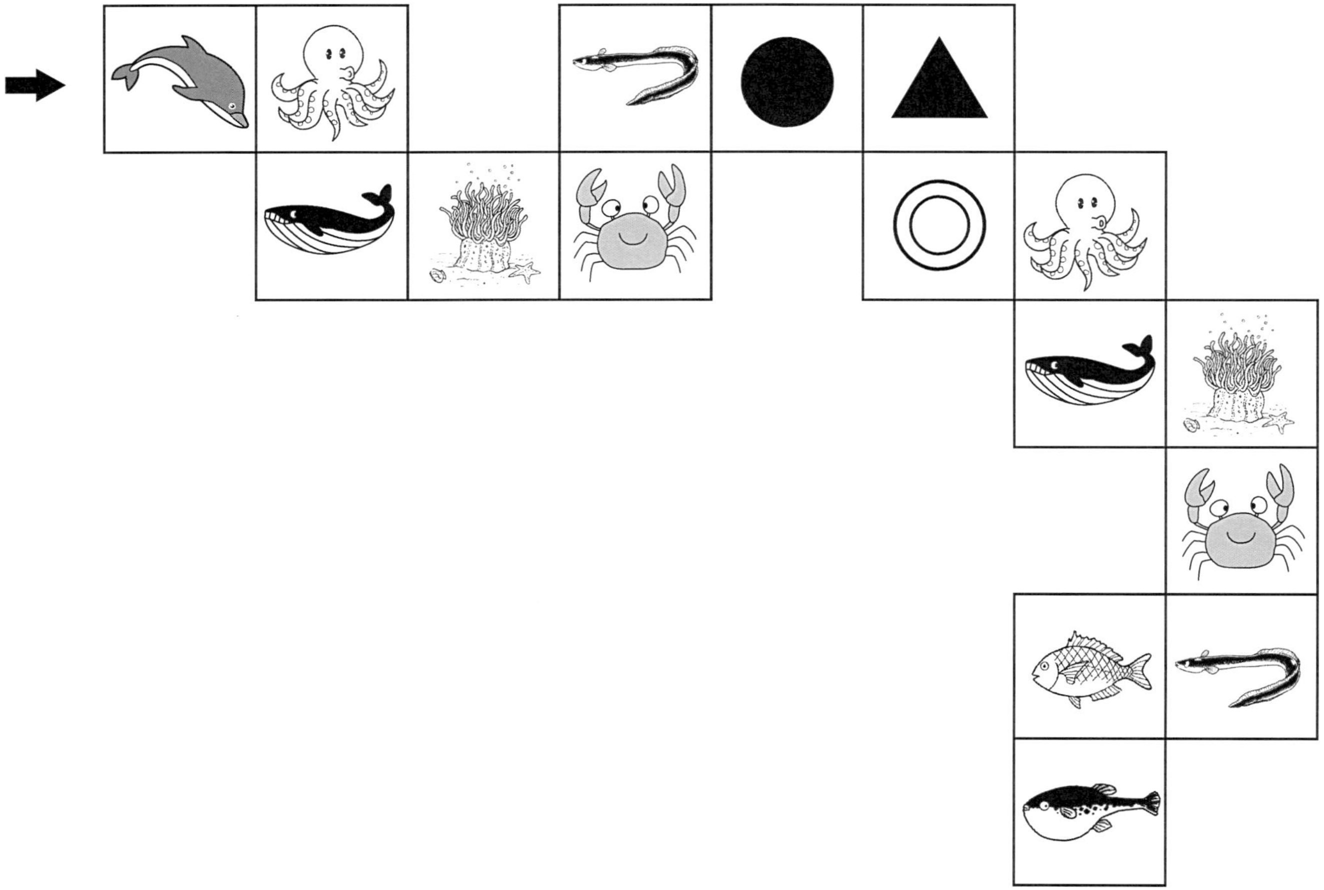

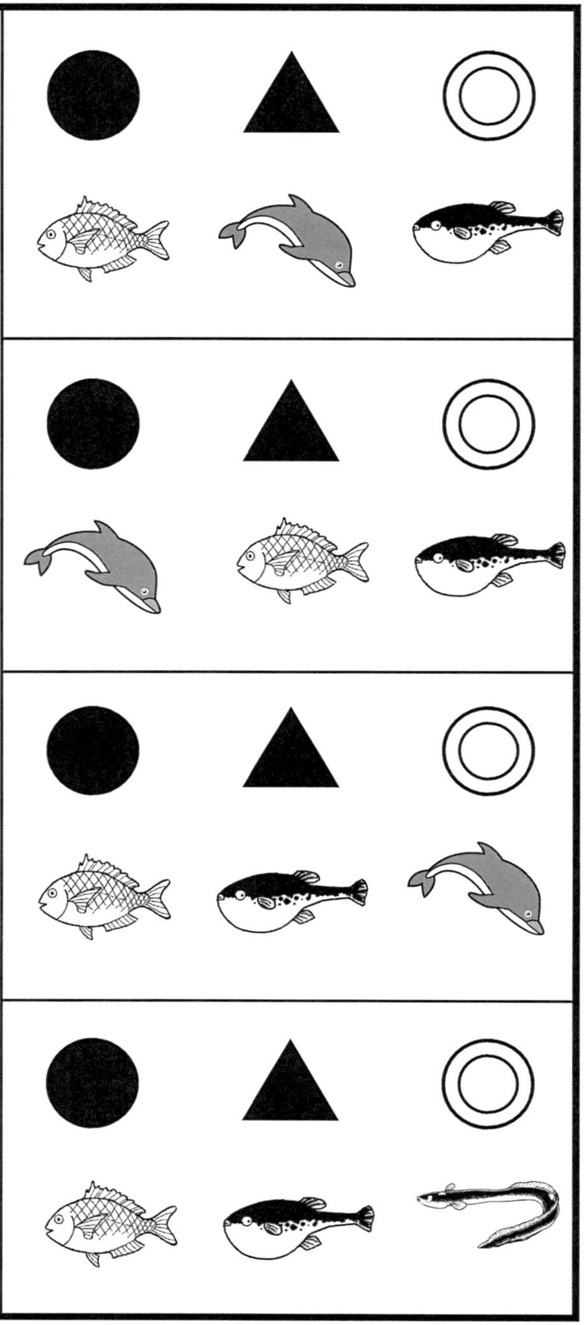

# 問題15－2

②

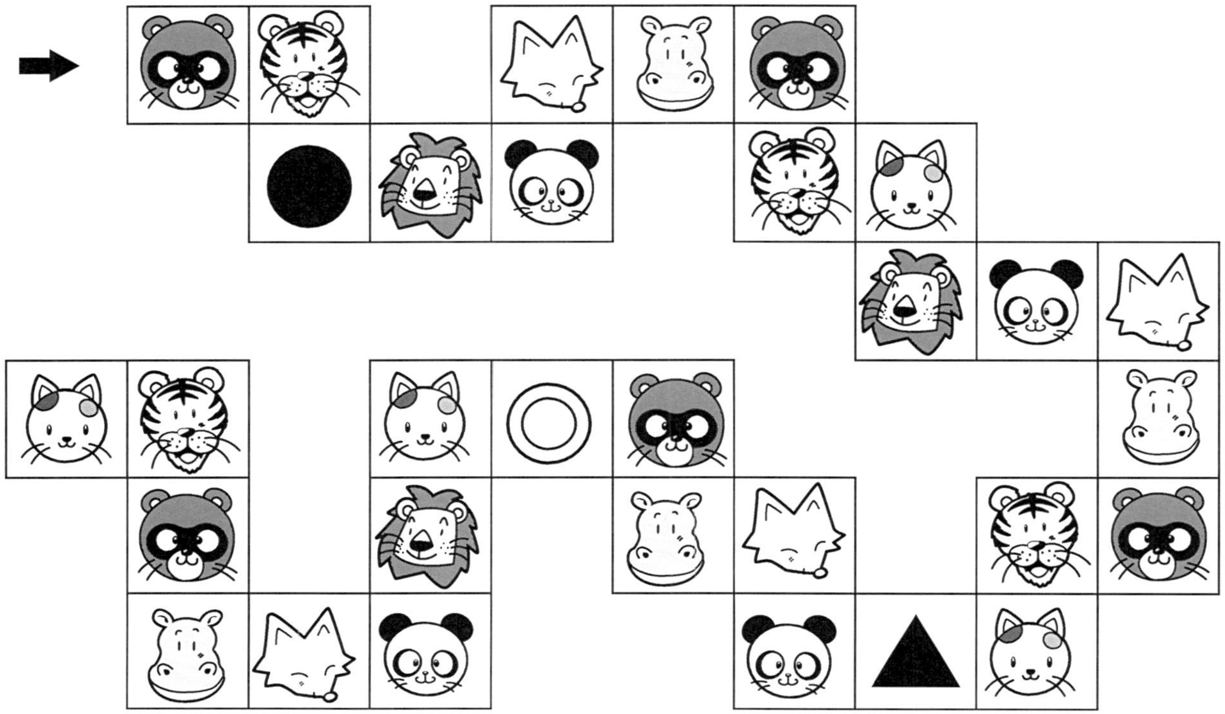

問題16

☆浦和ルーテル学院小学校

①

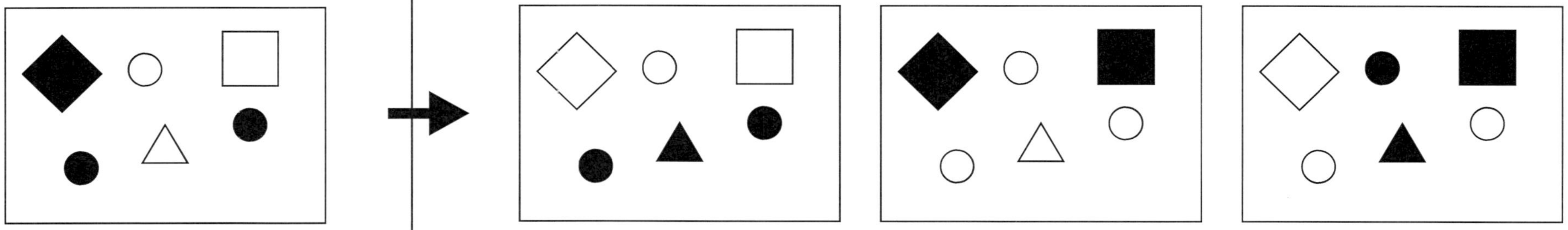

②

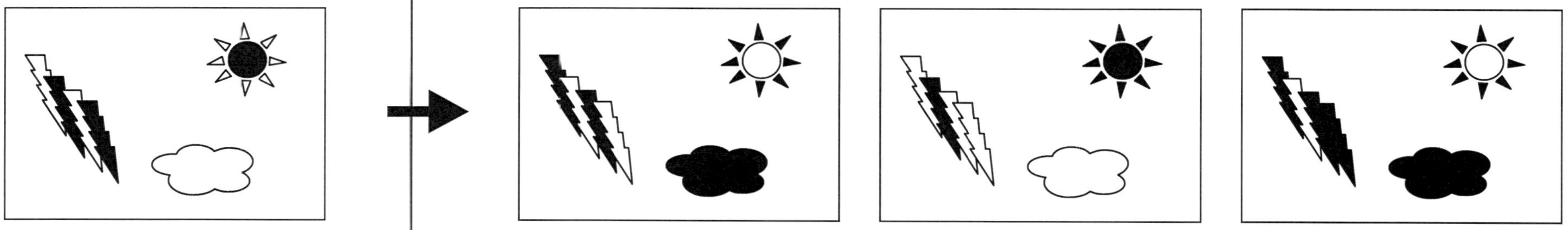

# 問題１７

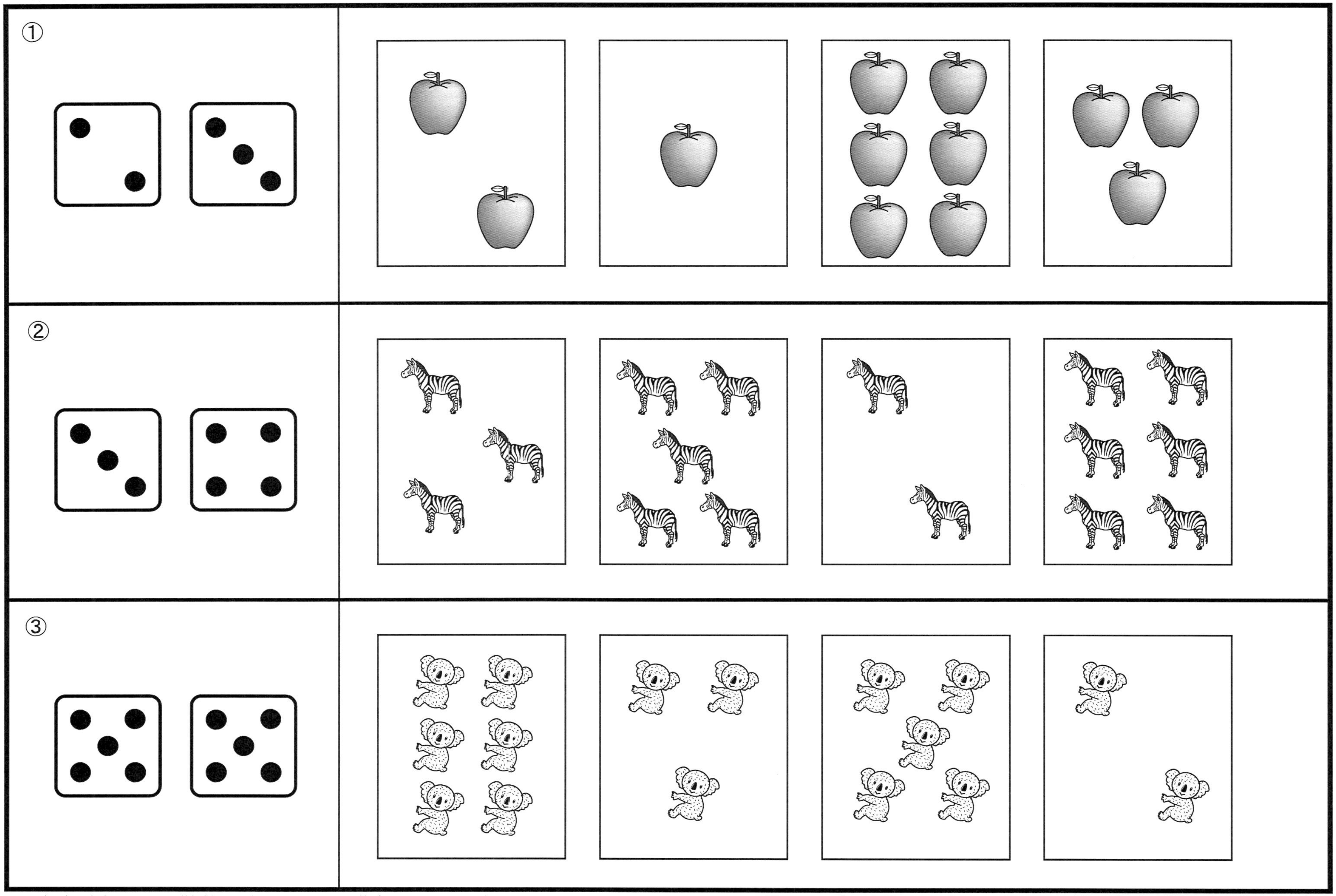

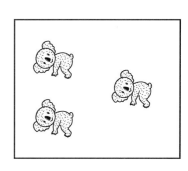

# 問題18

①

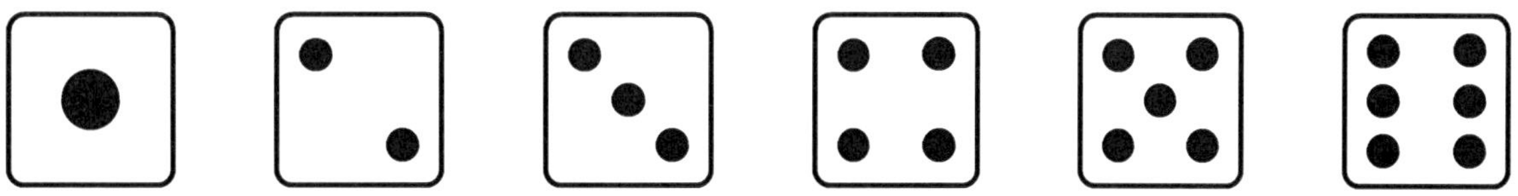

②

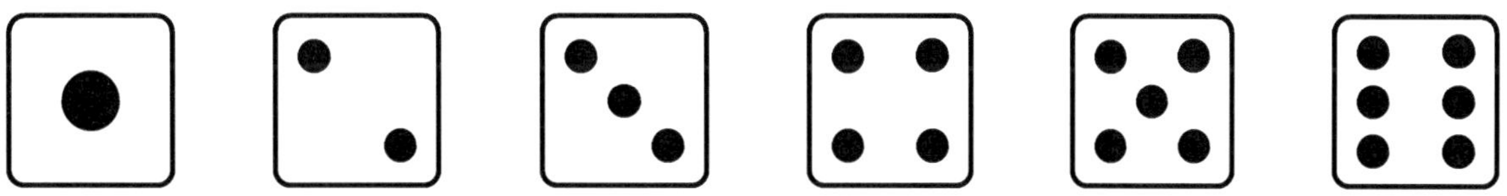

☆浦和ルーテル学院小学校

# 問題１９

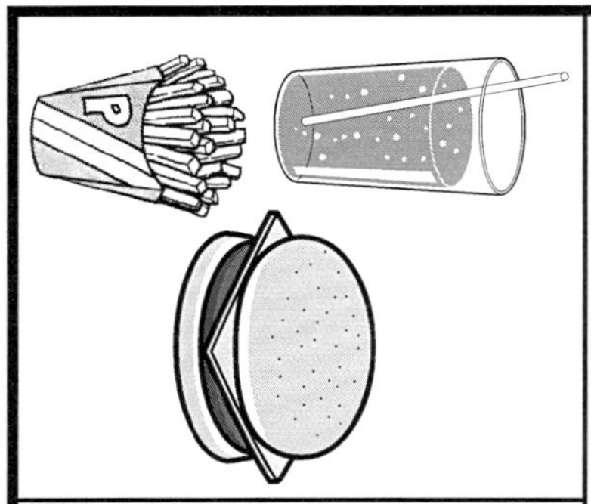

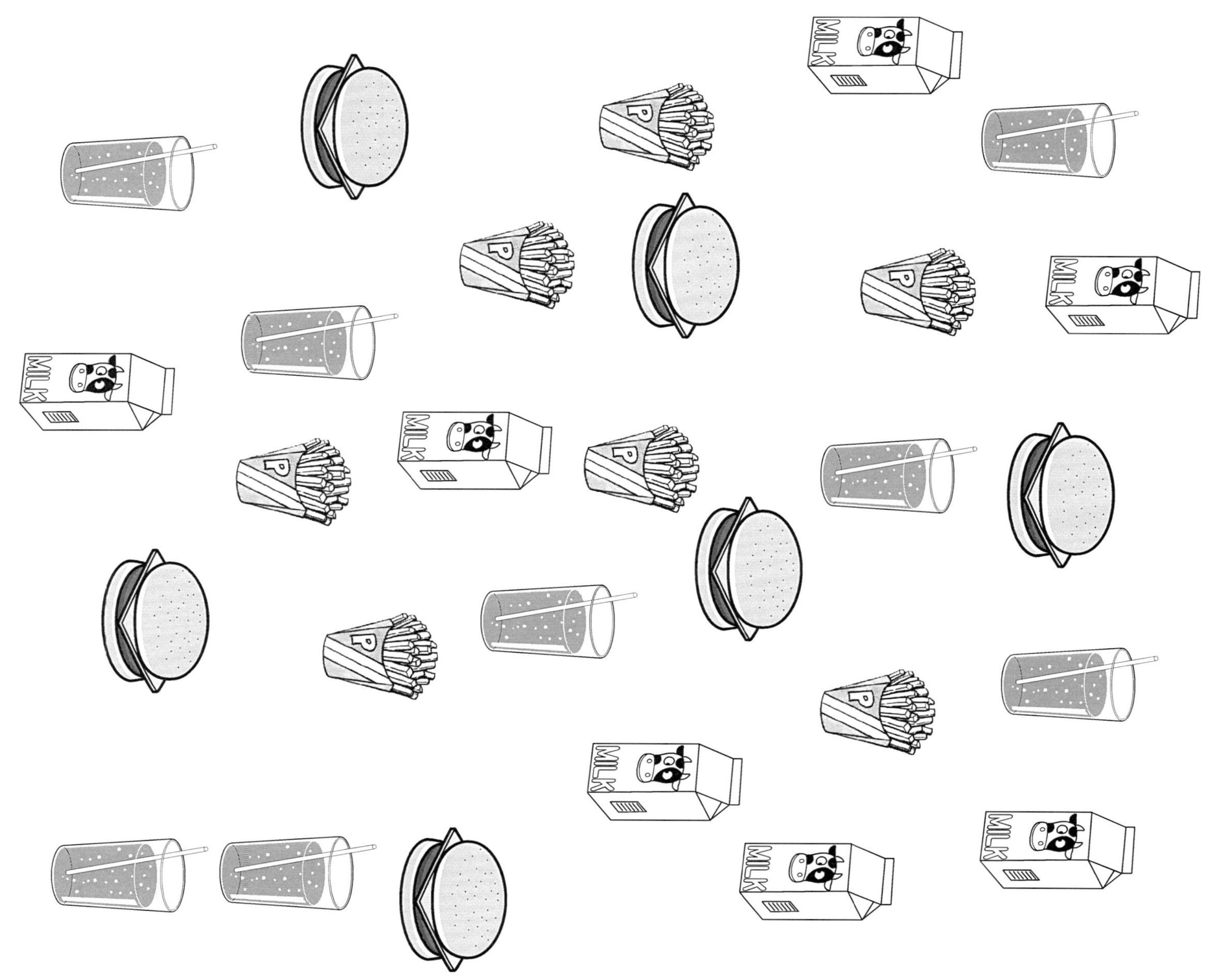

☆浦和ルーテル学院小学校

# 問題２０

①

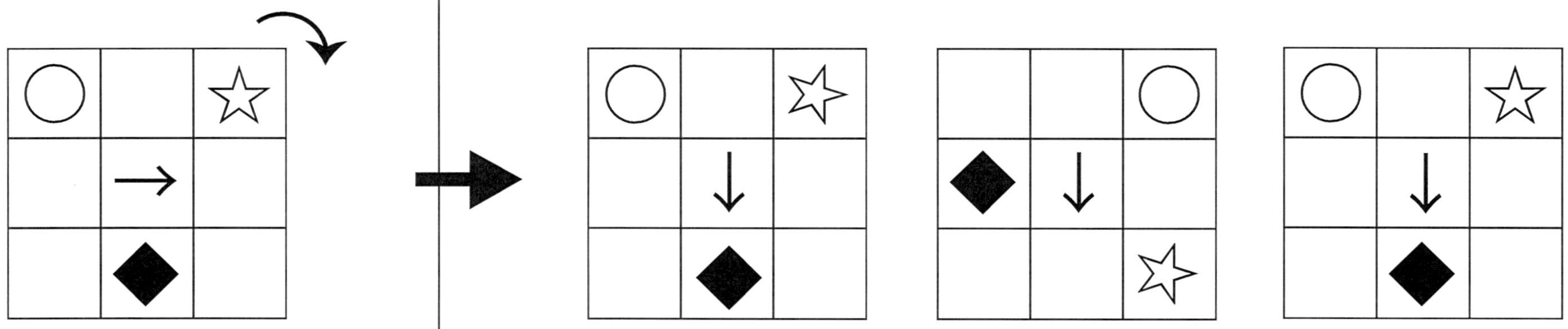

②

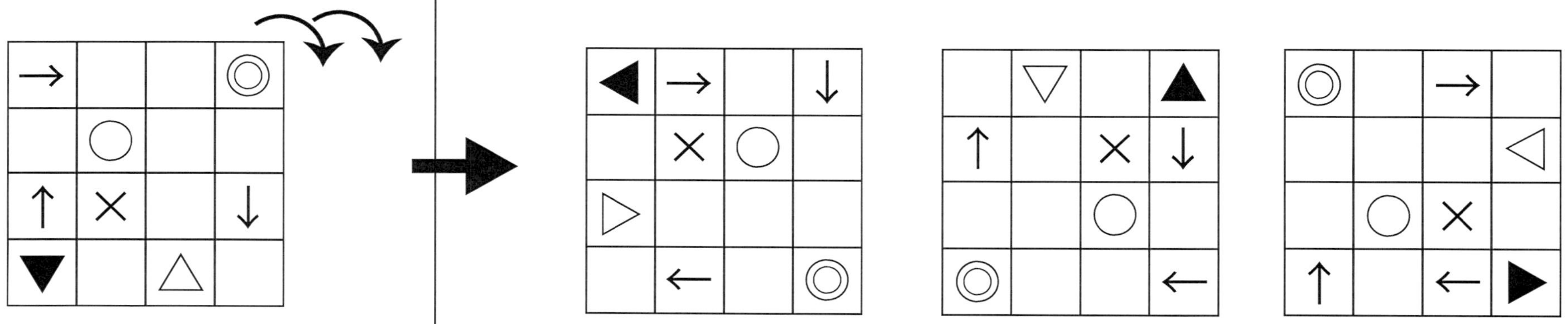

# 問題21

①

②

③

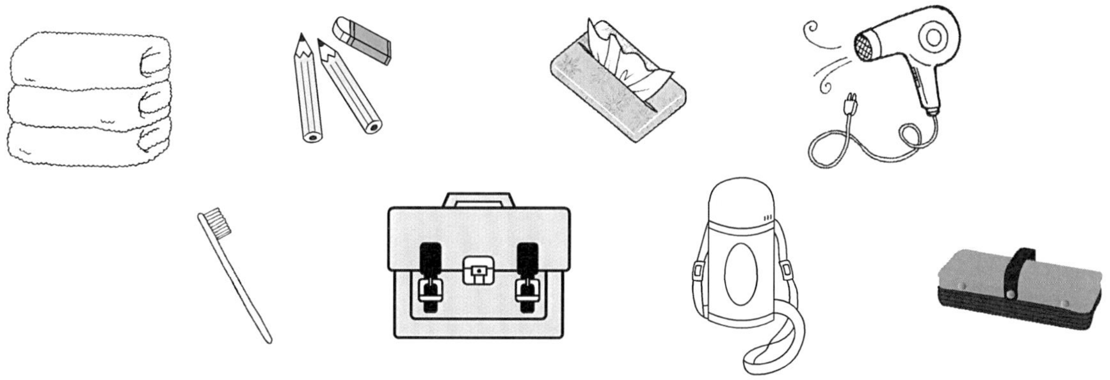

④

⑤

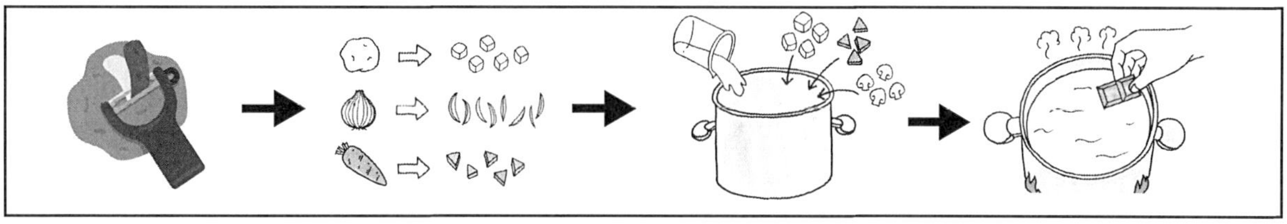

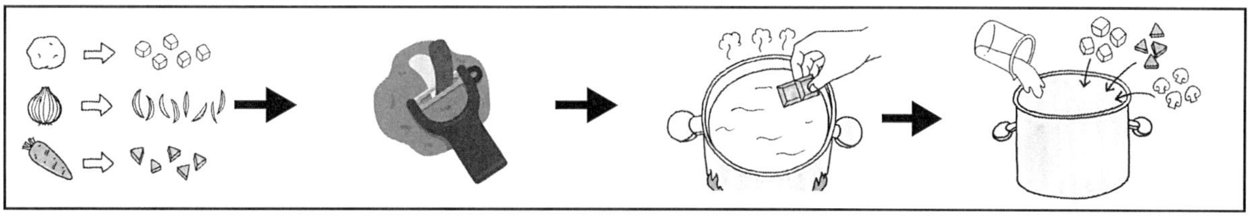

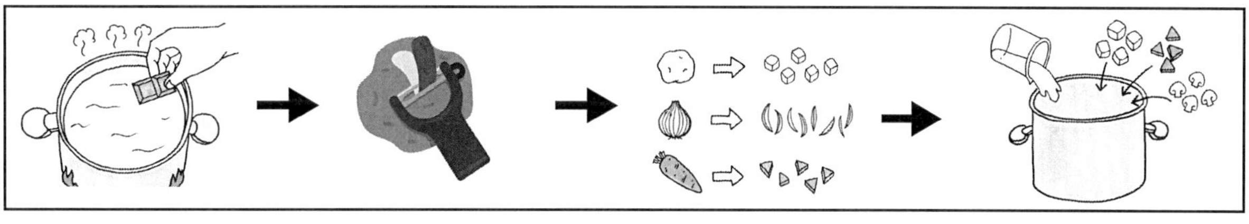

# 問題２２

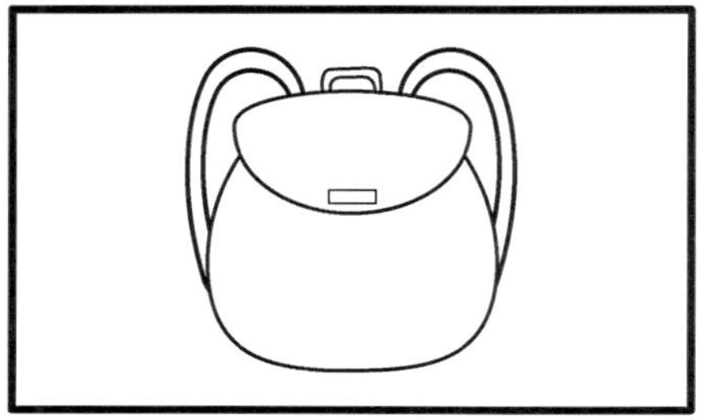

りゅっくさっく

かさ

くしら

きょうかい

くじら

かき

 

☆浦和ルーテル学院小学校

# 問題２３

①

②

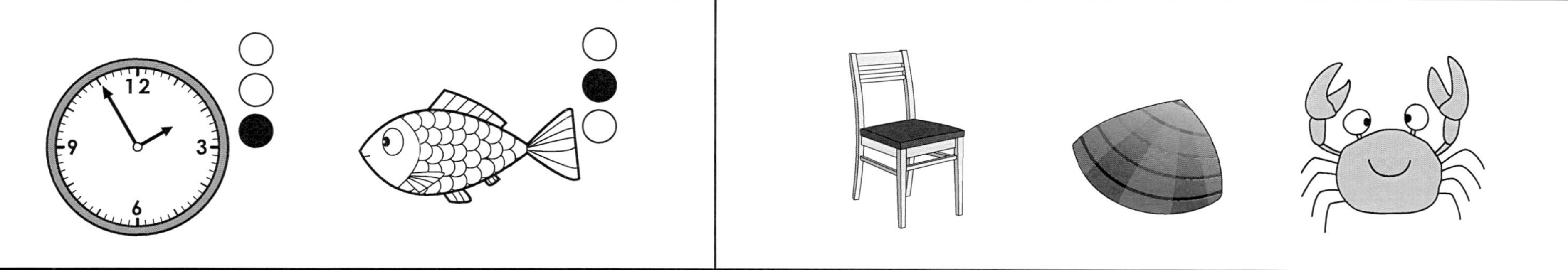

③

④

赤

黄色

緑

緑

茶

茶

茶

青

赤 赤

青 青

2022年度 浦和ルーテル学院 過去・対策 無断複製/転載を禁ずる　　日本学習図書株式会社

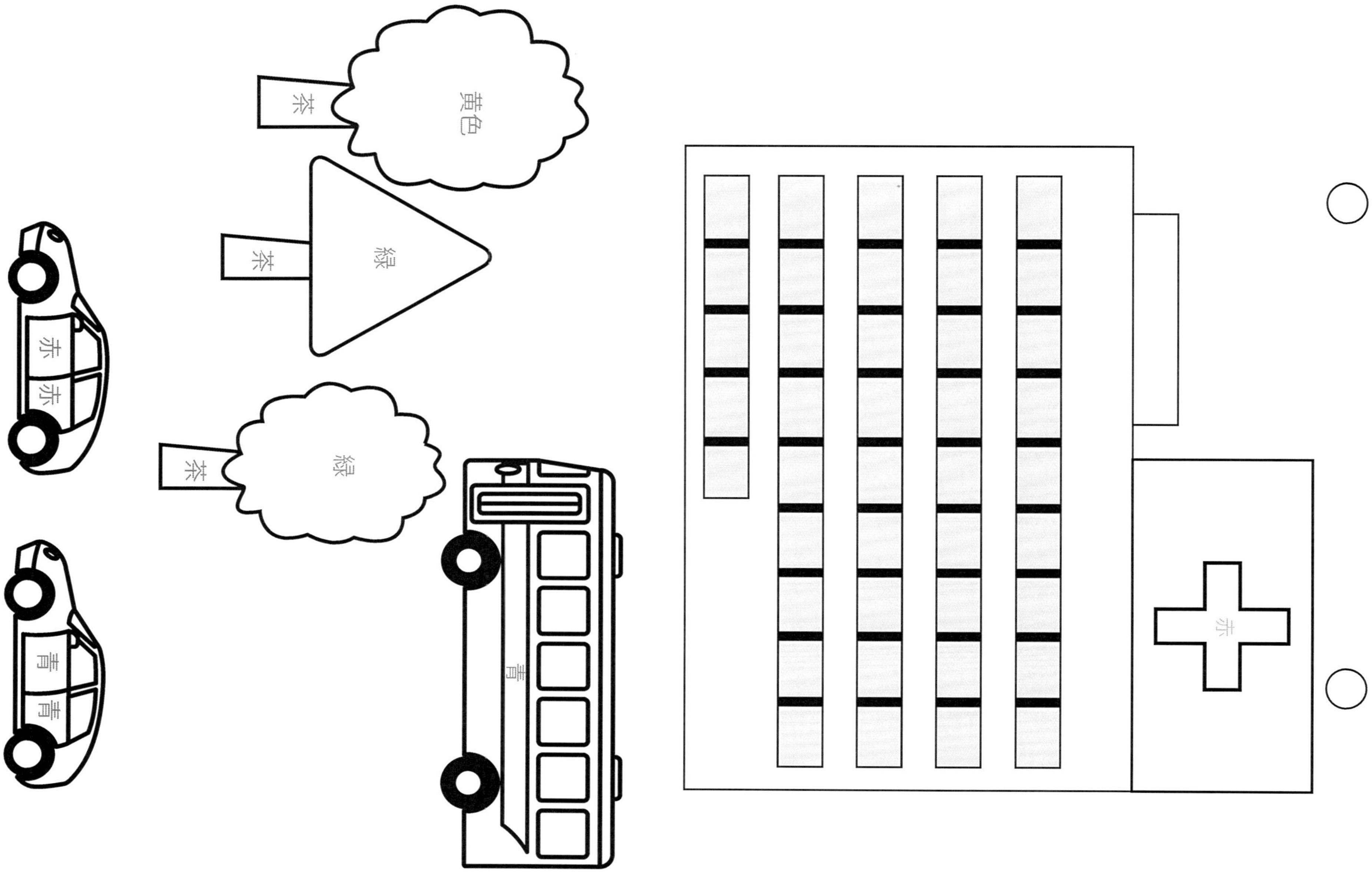

# 問題２４－２

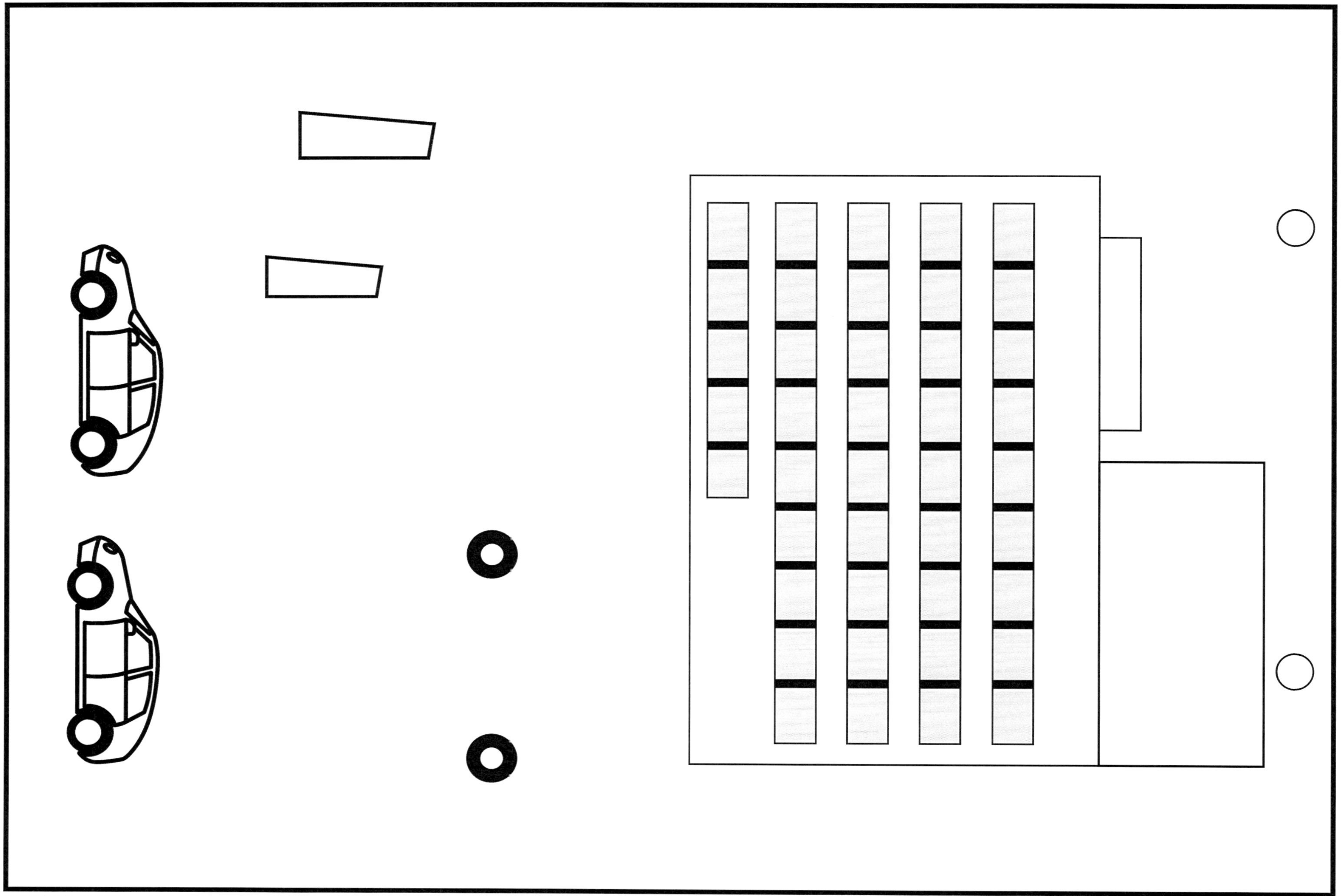

 



日本学習図書株式会社

☆浦和ルーテル学院小学校

2022年度 浦和ルーテル学院 過去・対策 無断複製／転載を禁ずる 日本学習図書株式会社

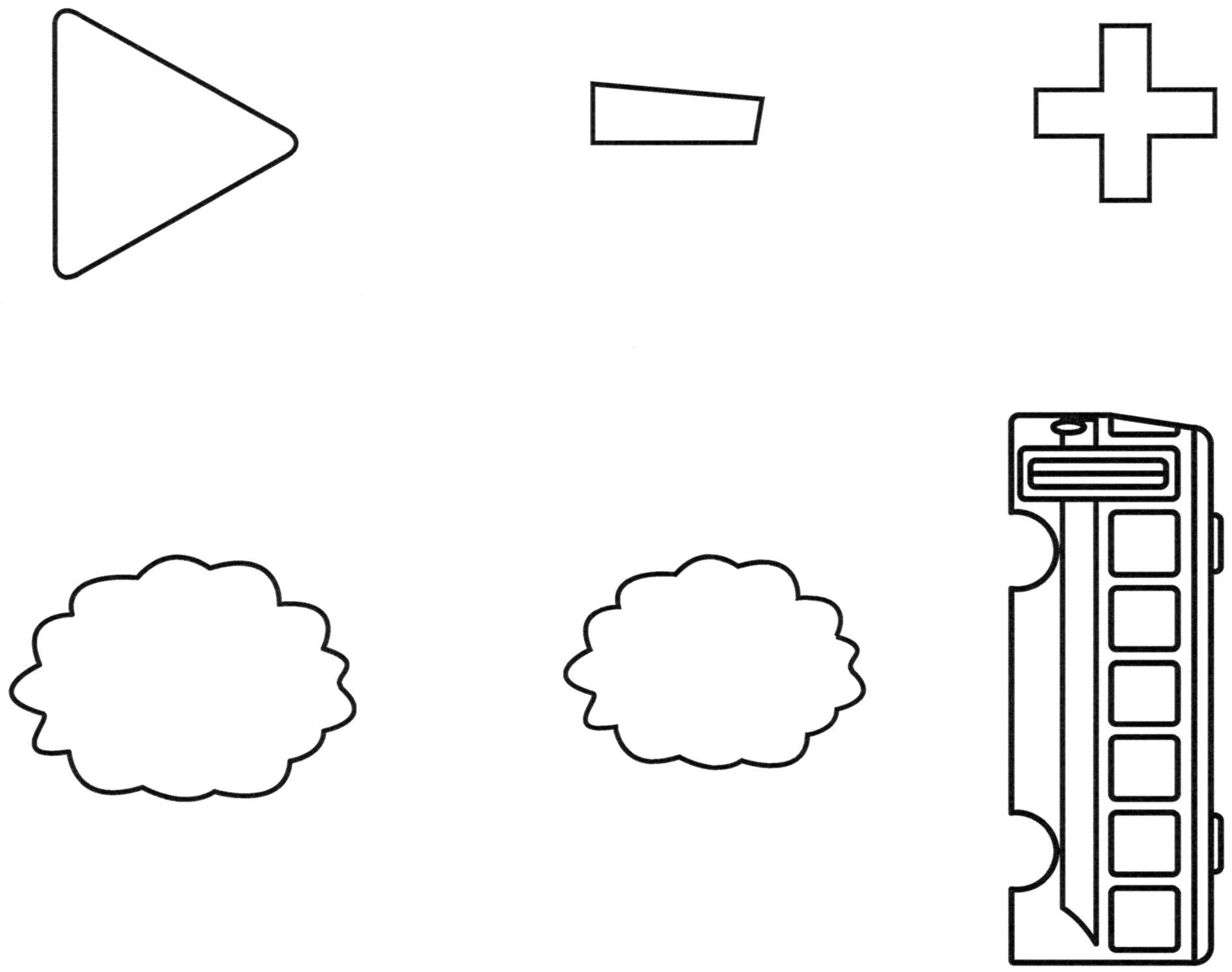

☆浦和ルーテル学院小学校

# 問題２５

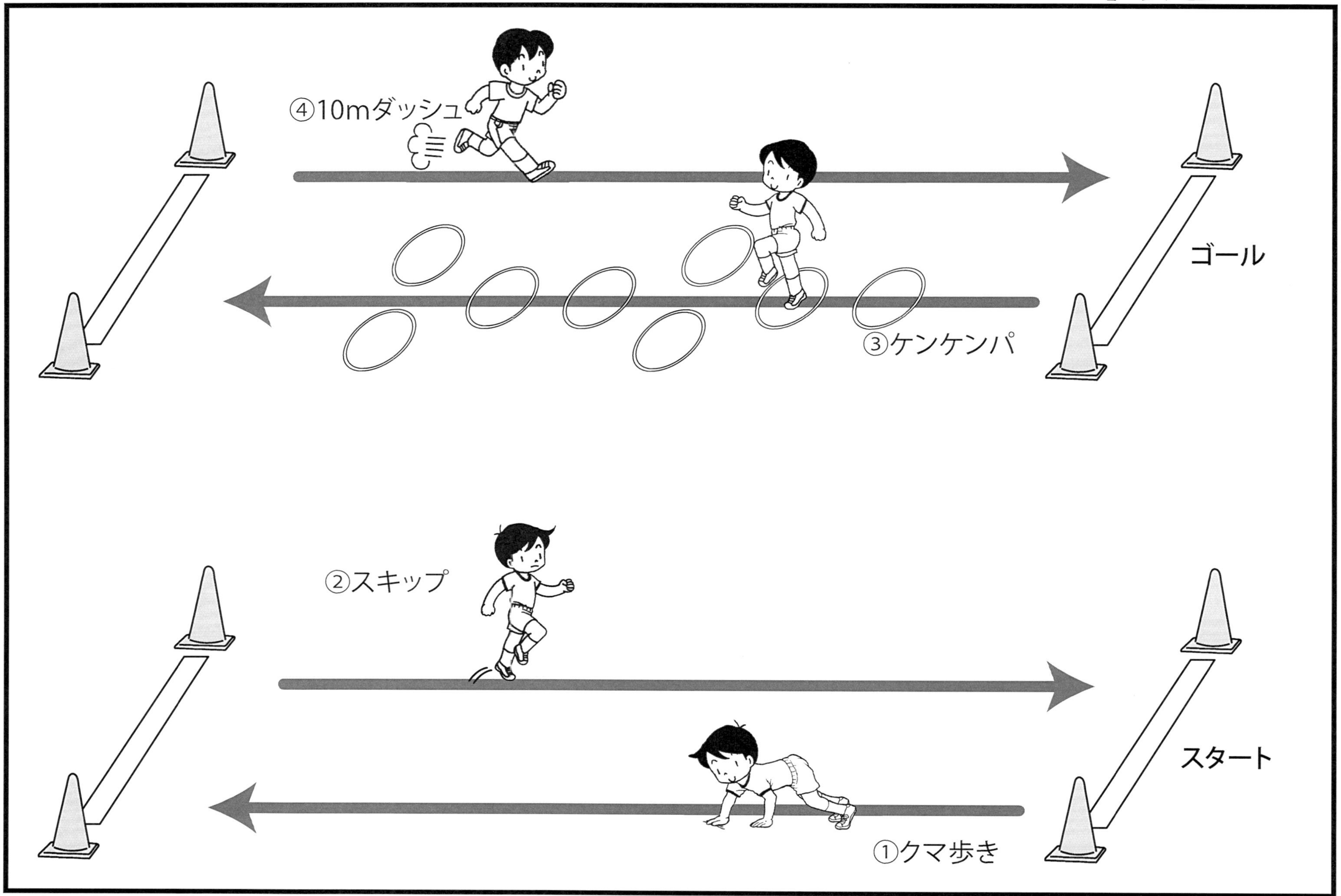

日本学習図書株式会社

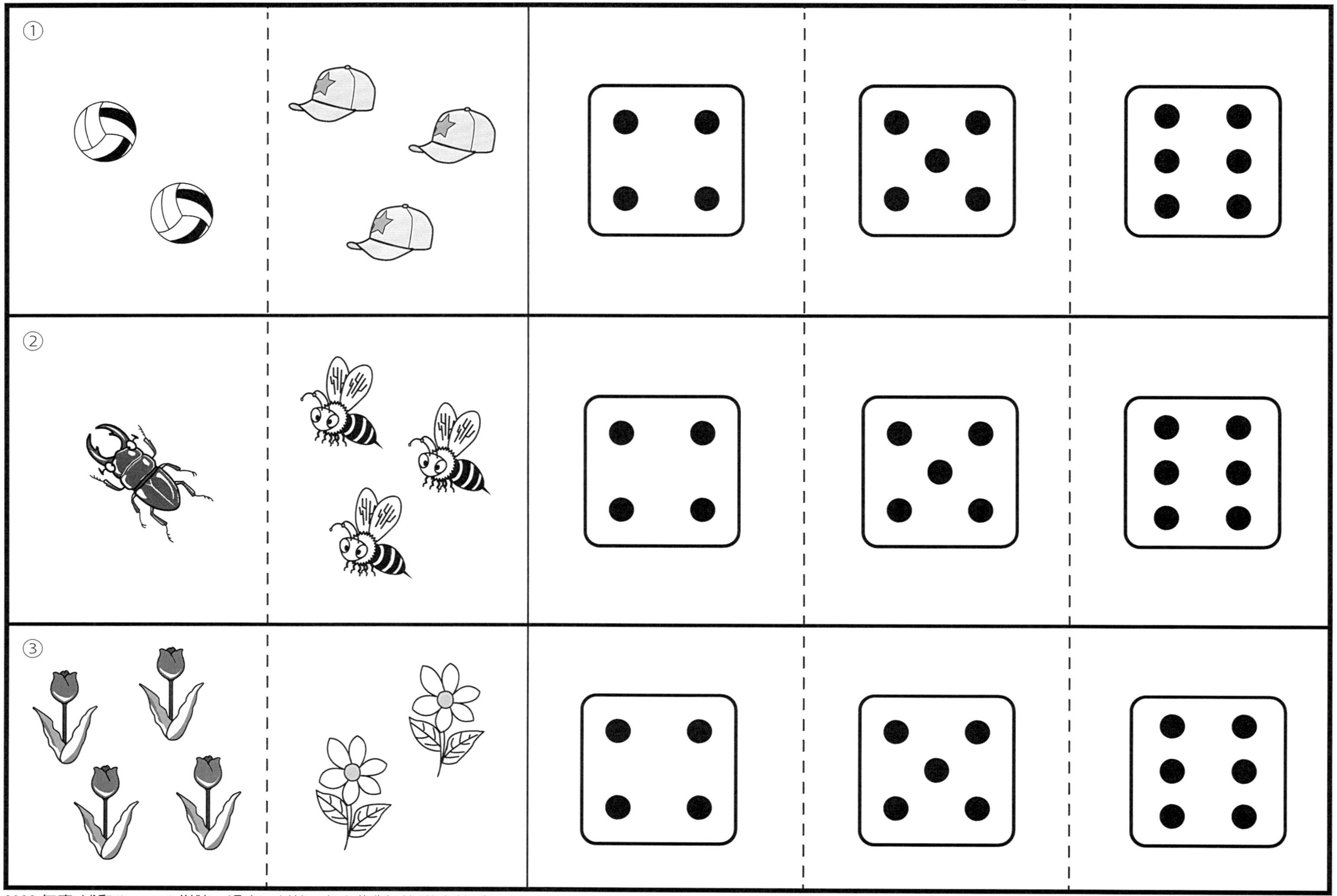

☆浦和ルーテル学院小学校

2022 年度 浦和ルーテル学院 過去・対策 無断複製／転載を禁ずる　日本学習図書株式会社

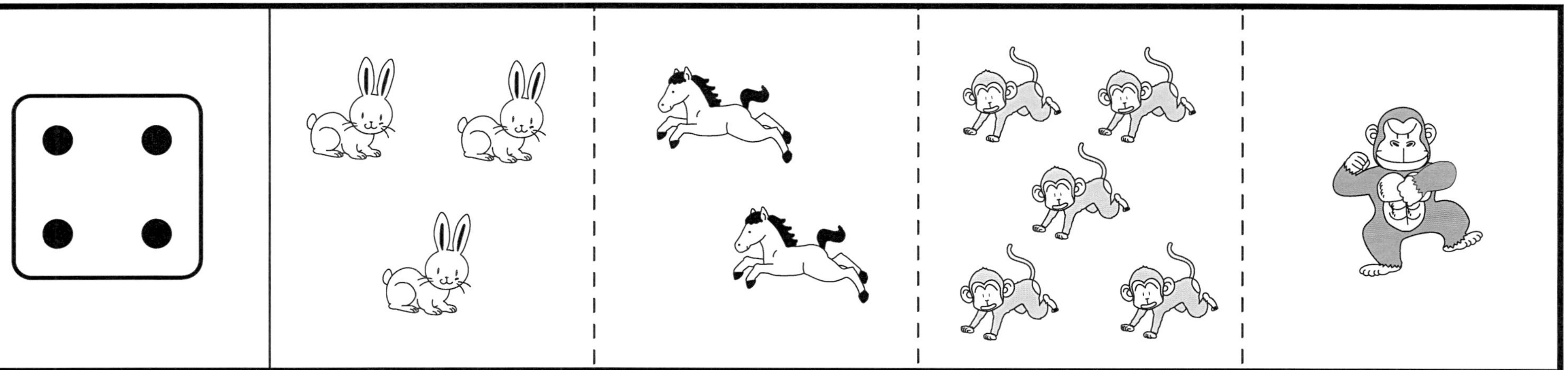

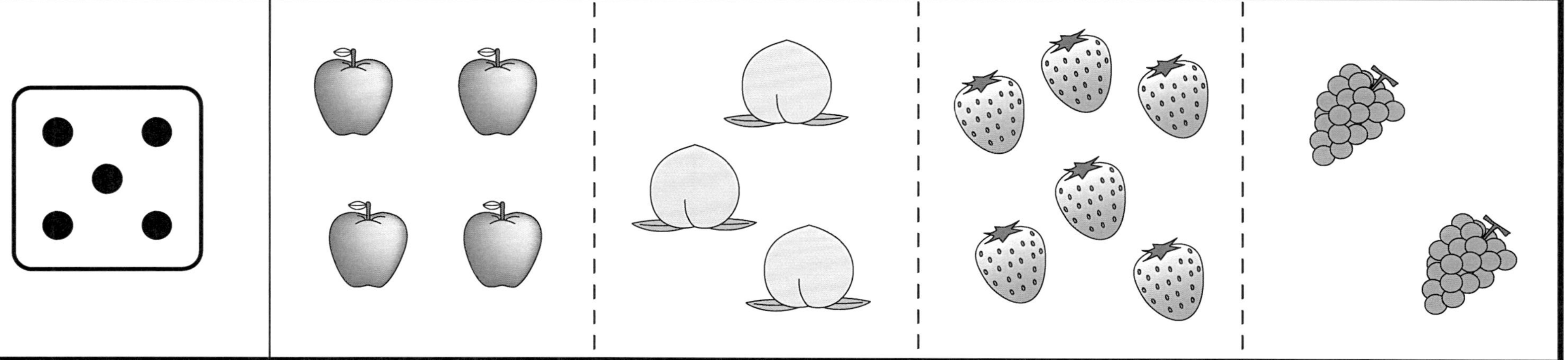

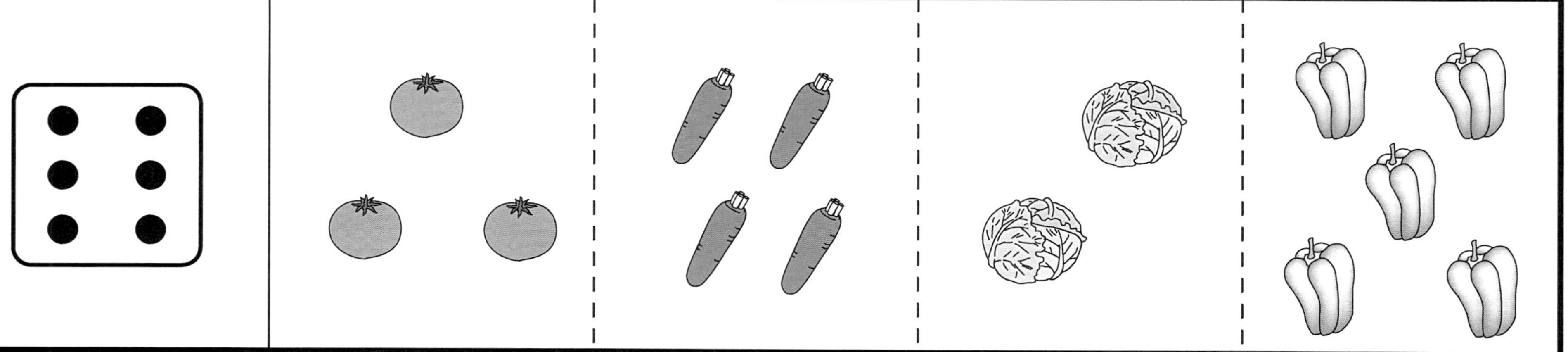

☆浦和ルーテル学院小学校

# 問題２９

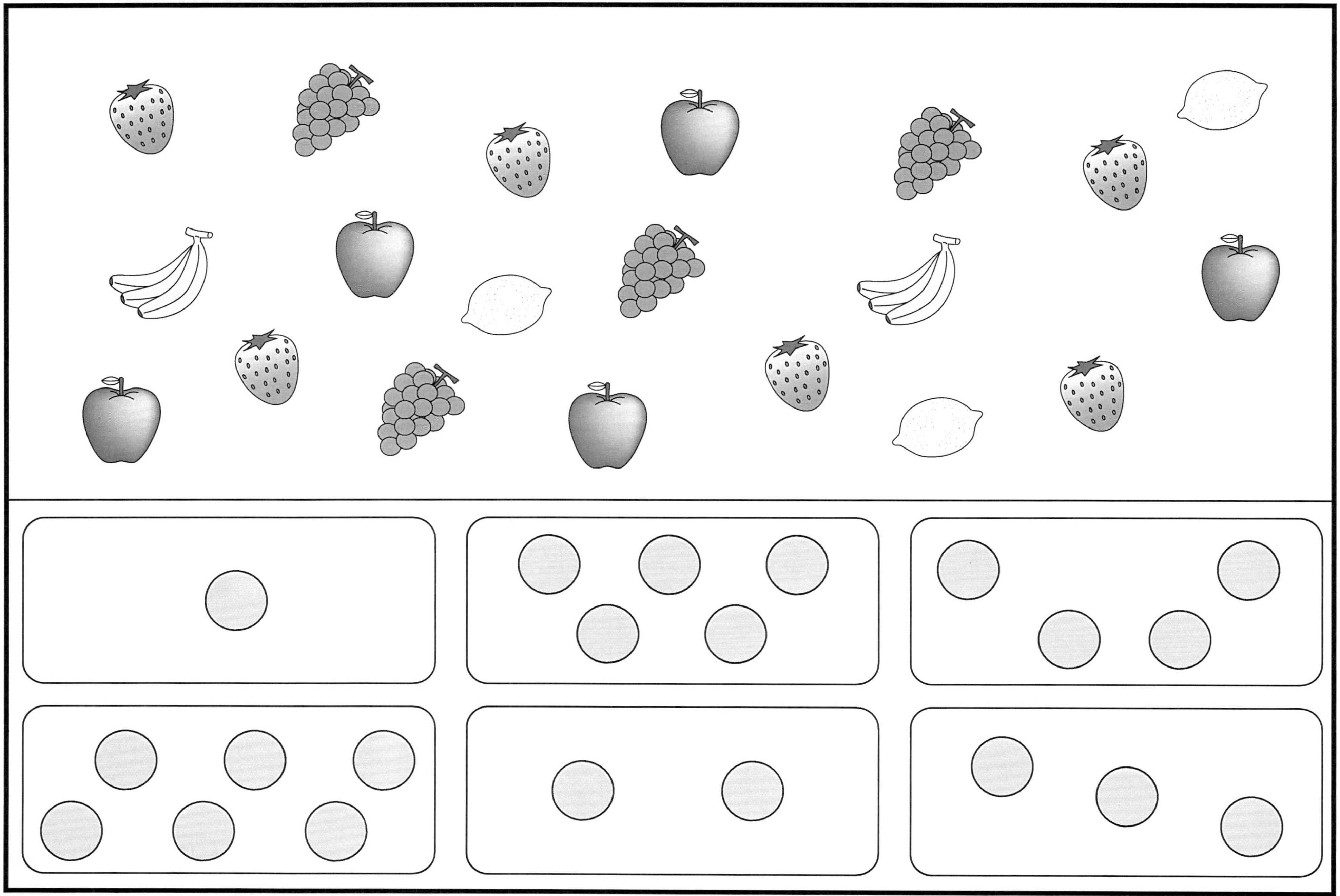

# 問題３０

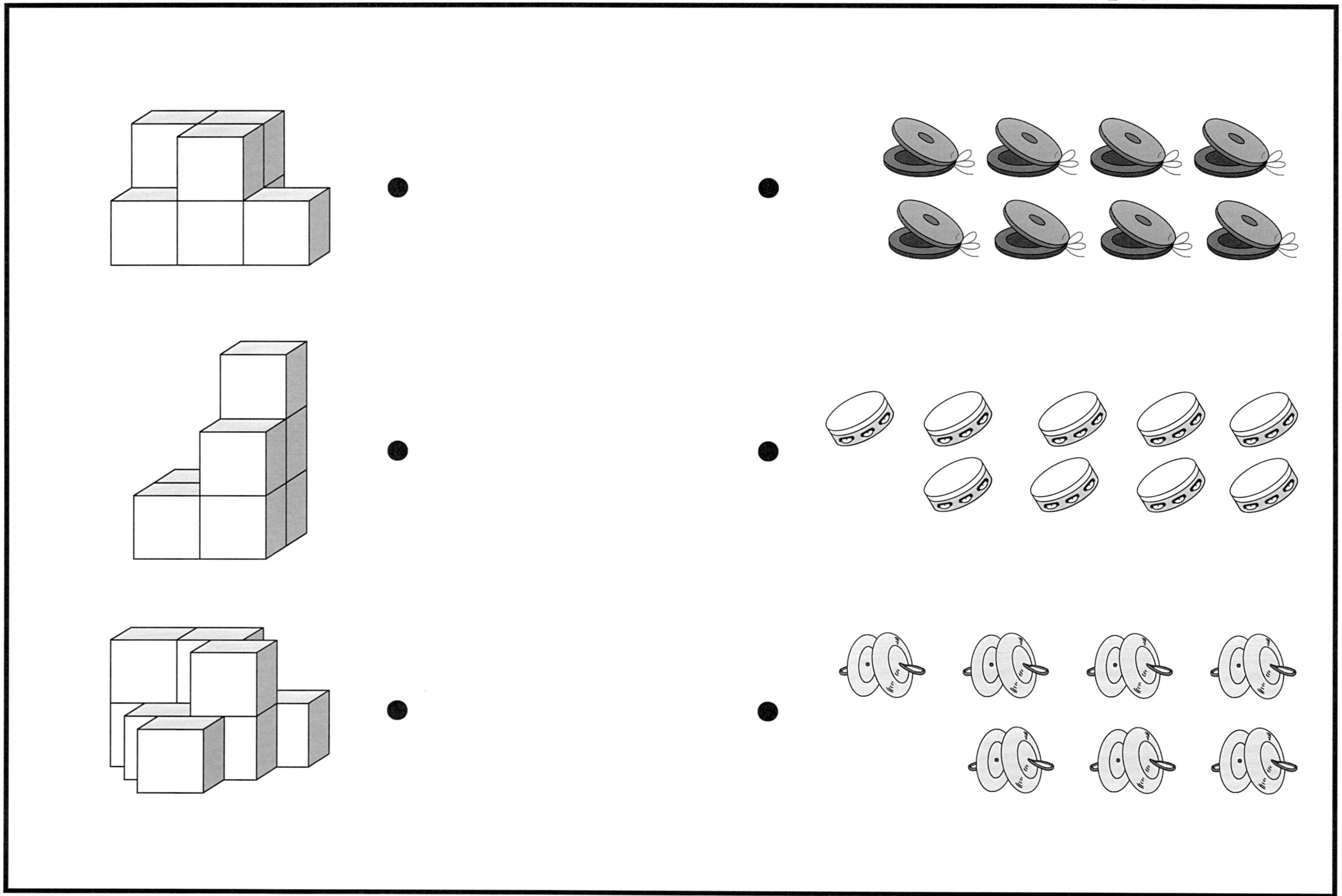

# 問題３１

①

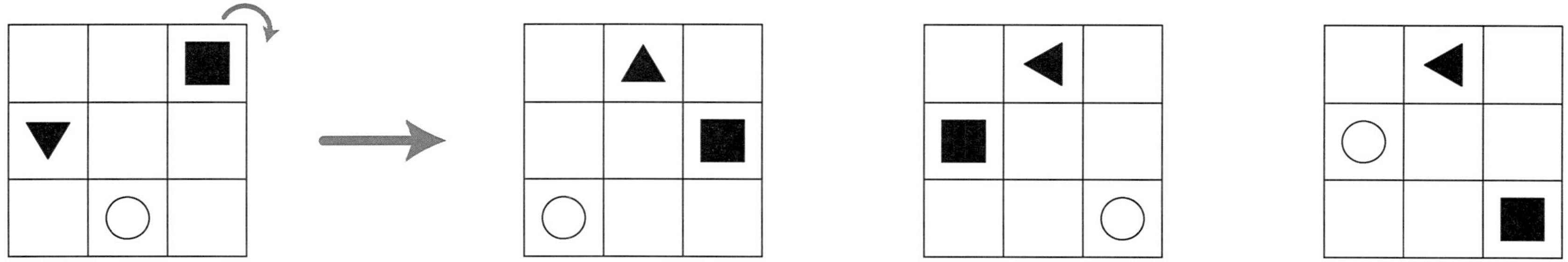

②

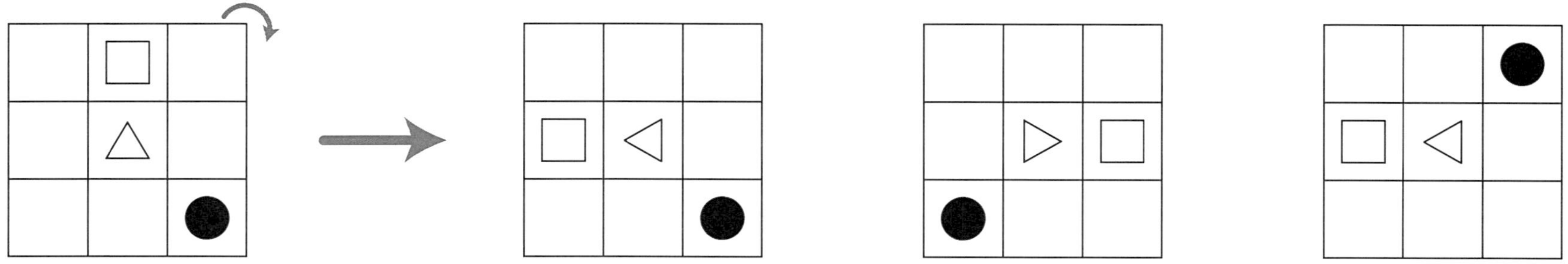

③

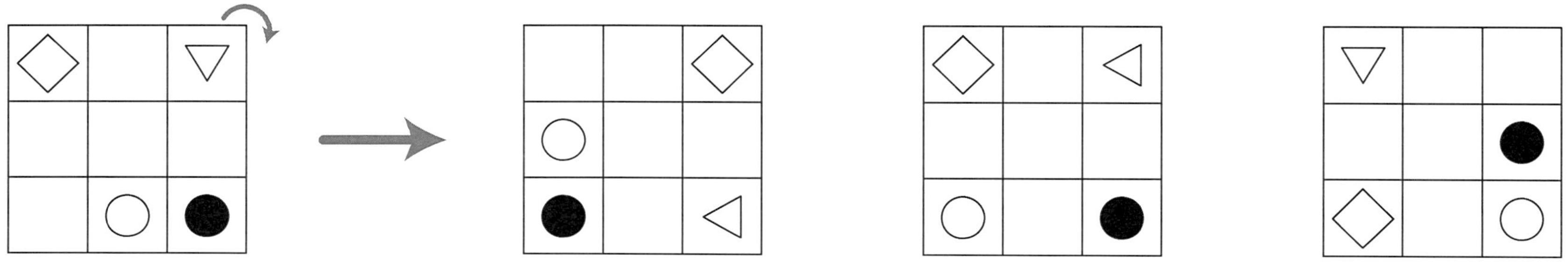

④

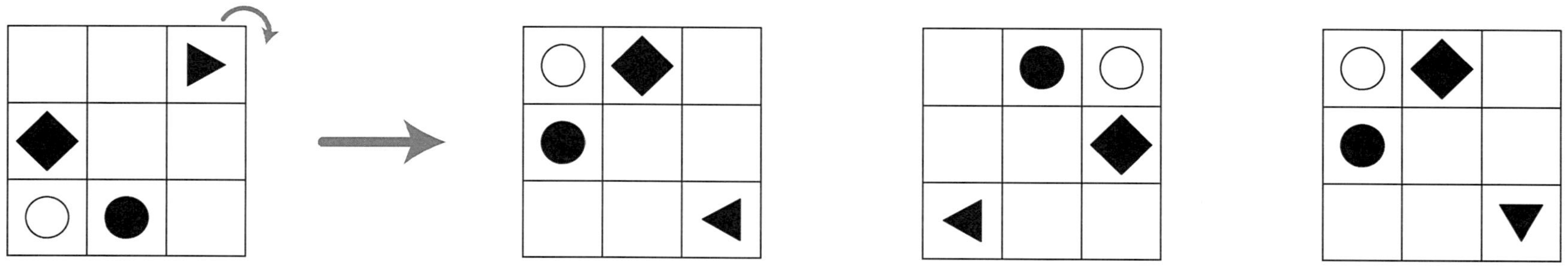

　

# 問題３２

①

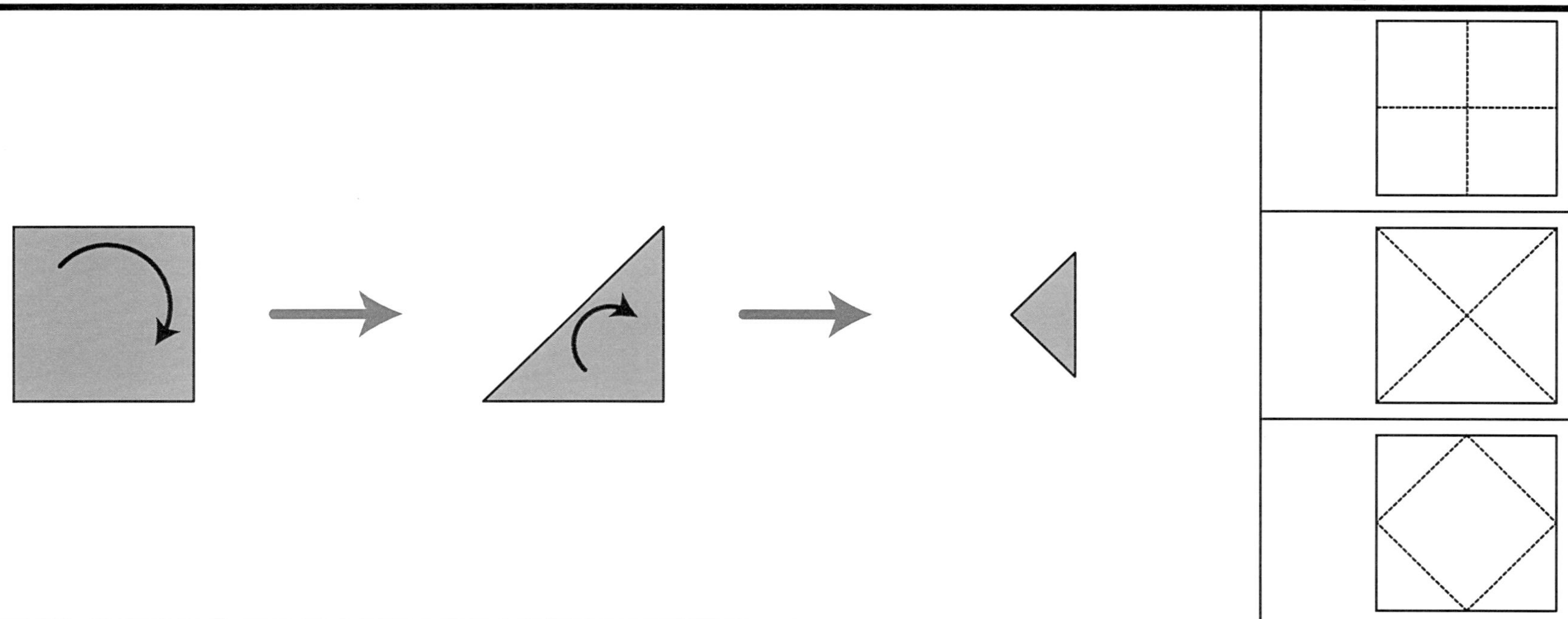

②

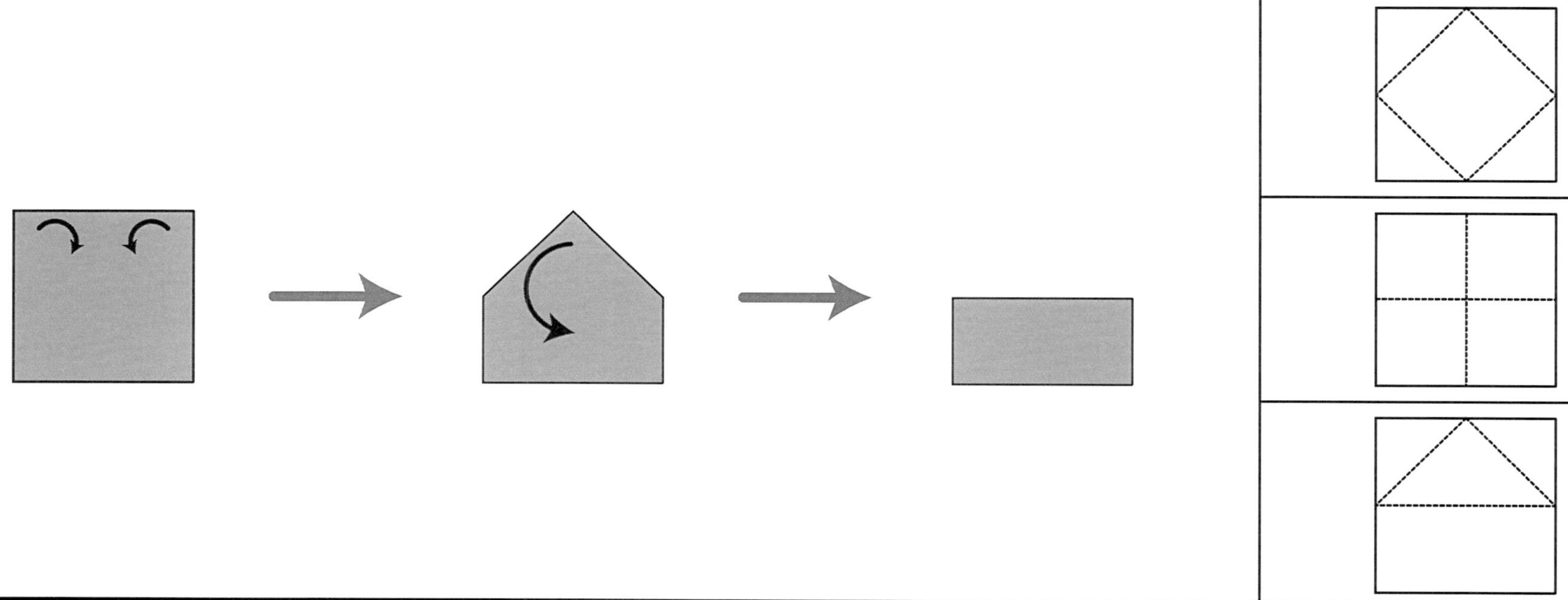

# 問題３３

☆浦和ルーテル学院小学校

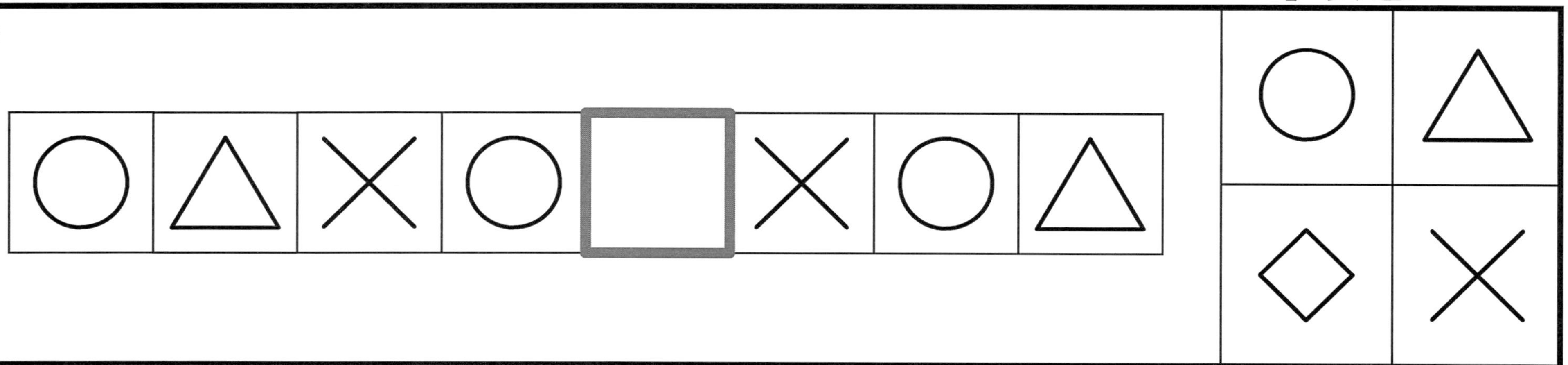

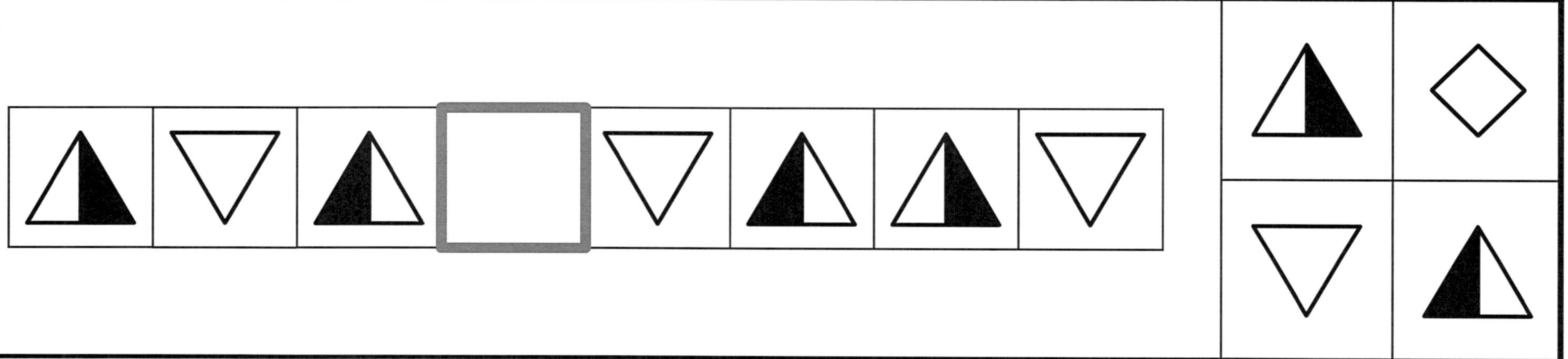

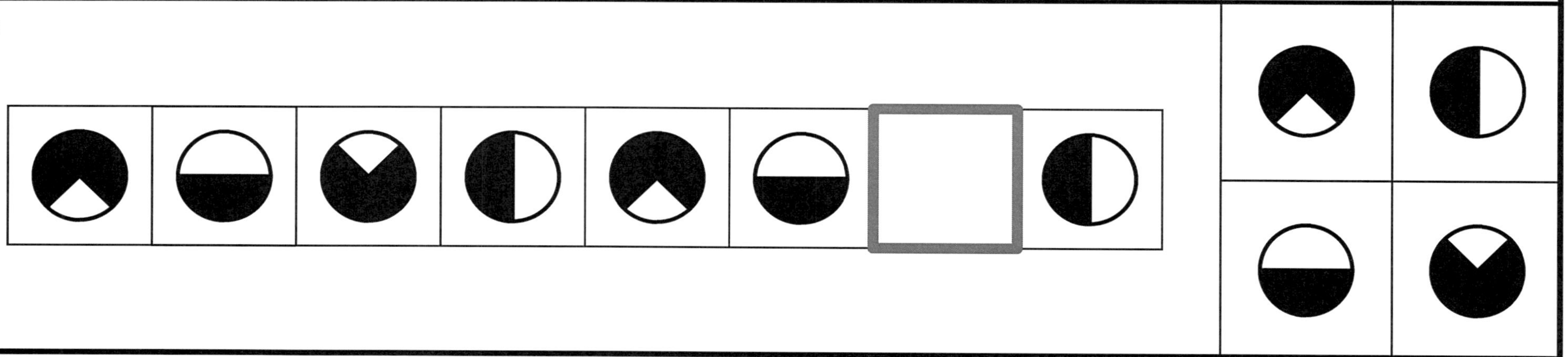

# 問題34－1

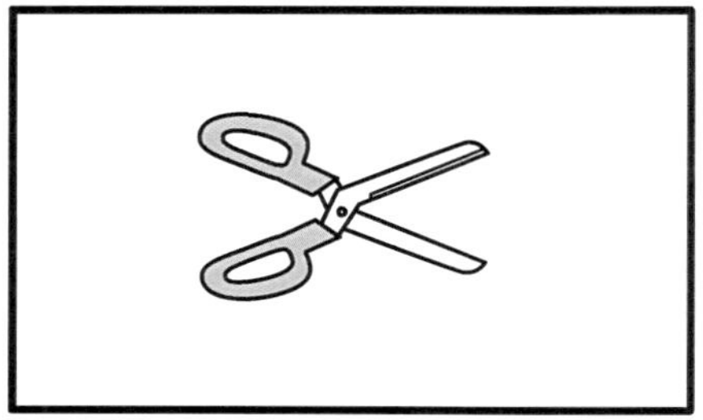

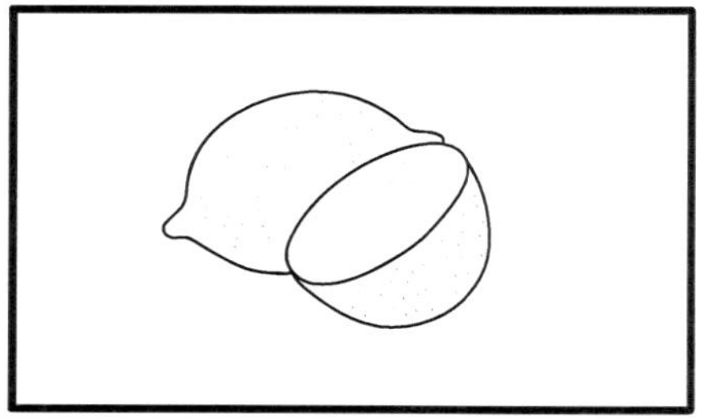

は さ み

あ め

れ も ん

さ る

あ ぬ

れ も そ

# 問題３４－２

ぎゅうにゅう

じてんしゅ

〉じら

じてんしゃ

ぷりん

ぎゆうにゅう

くじら

☆浦和ルーテル学院小学校

# 問題３５

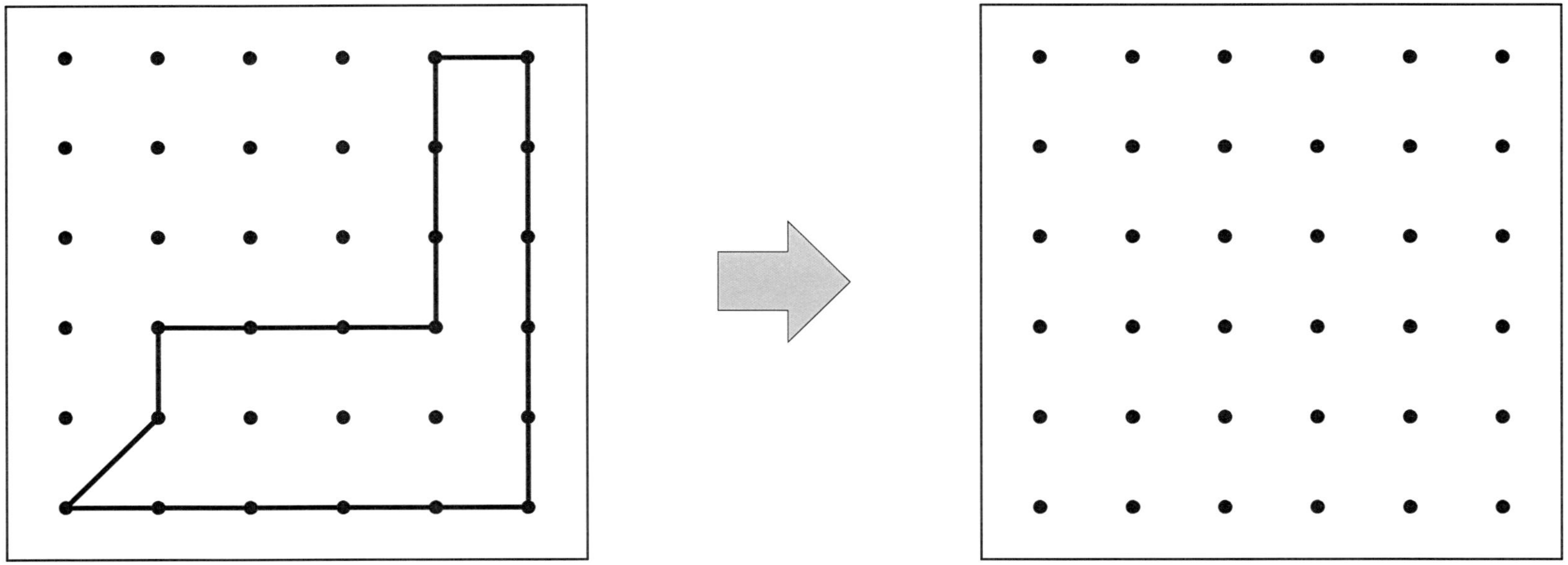

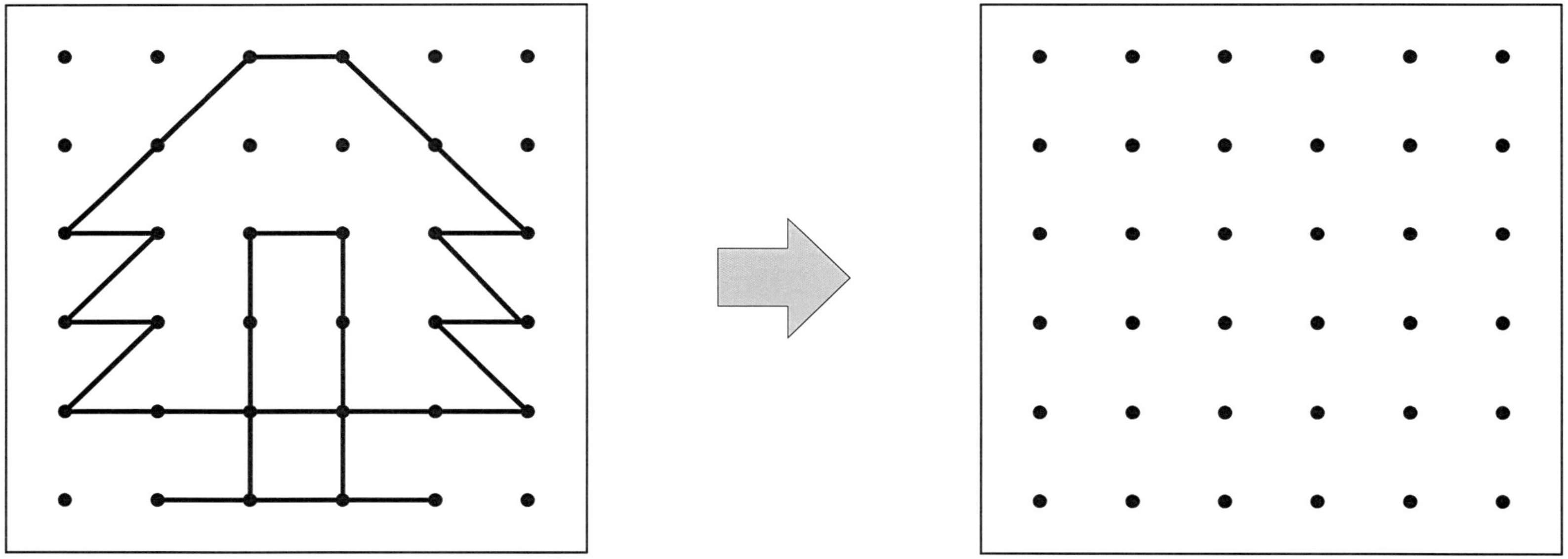

# 問題３７

☆浦和ルーテル学院小学校

① 

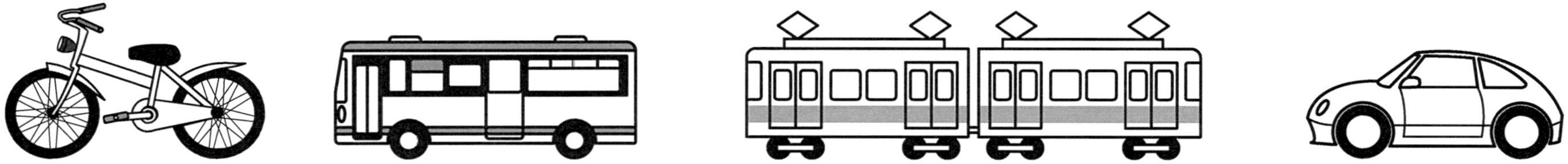

② 

③ 

④

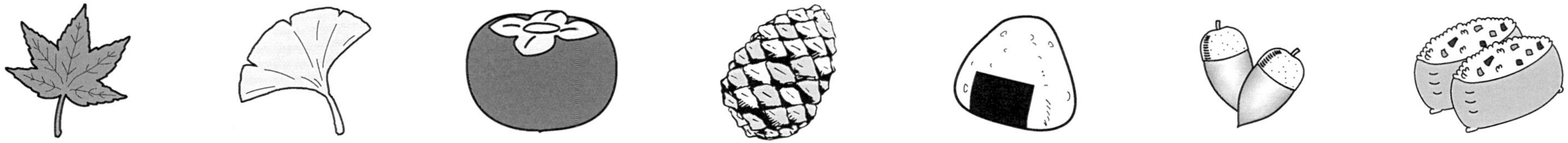

# 問題38－1

①

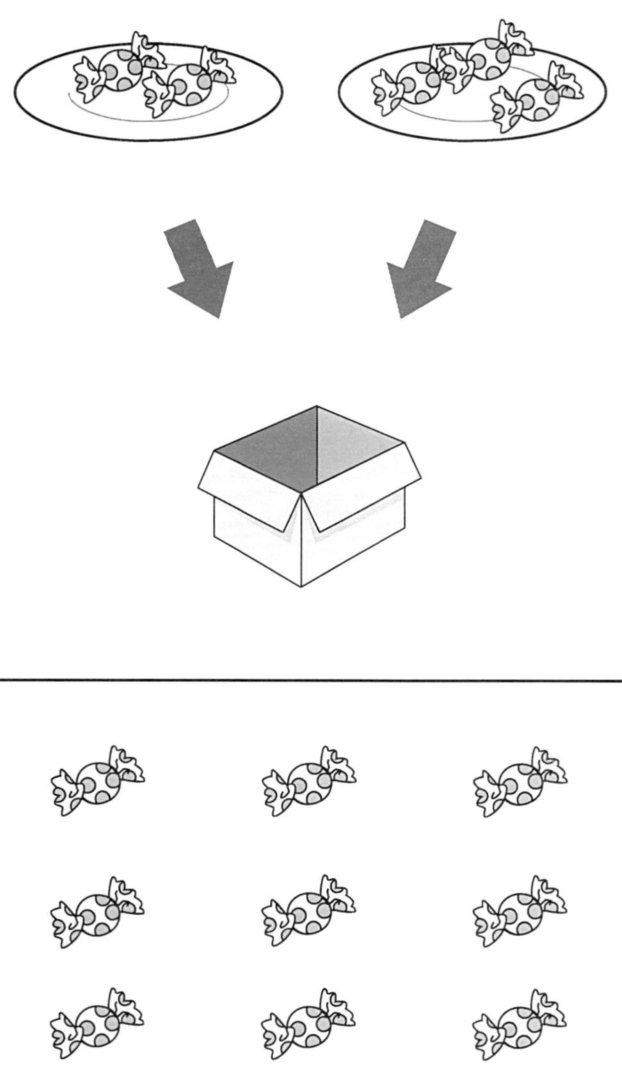

②

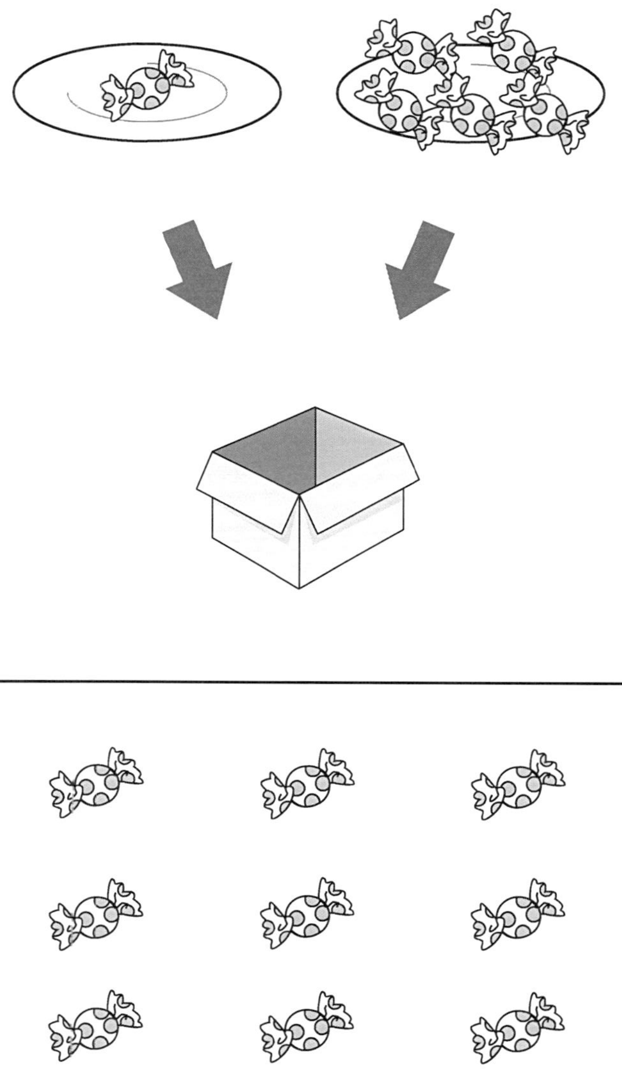

③

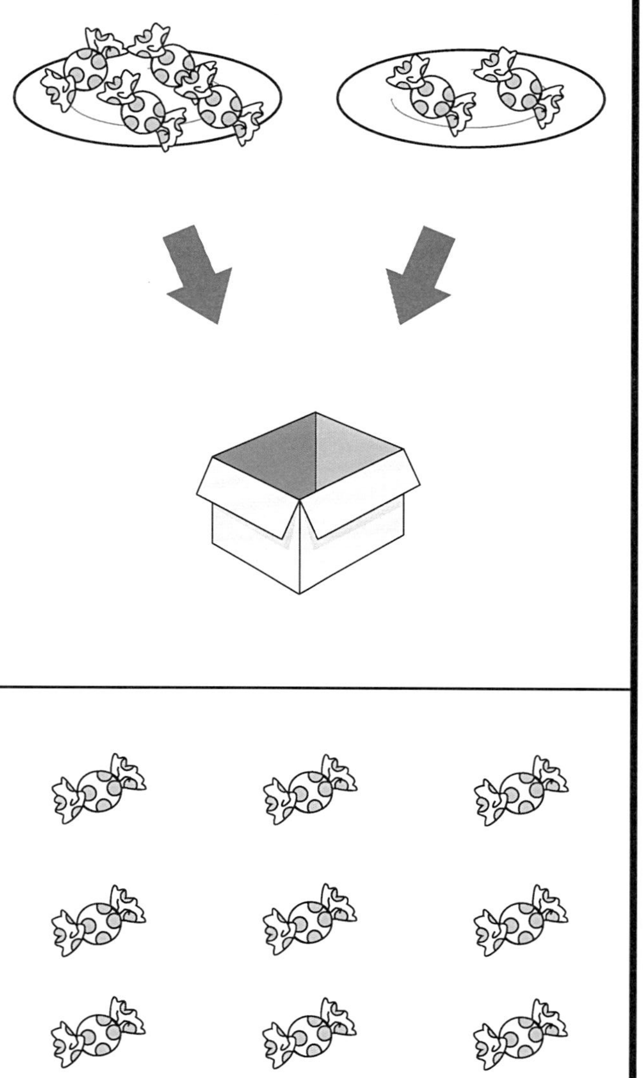





日本学習図書株式会社

# 問題38－2

④

⑤

⑥

日本学習図書株式会社

☆浦和ルーテル学院小学校

2022年度 浦和ルーテル学院 過去・対策 無断複製／転載を禁ずる 日本学習図書株式会社

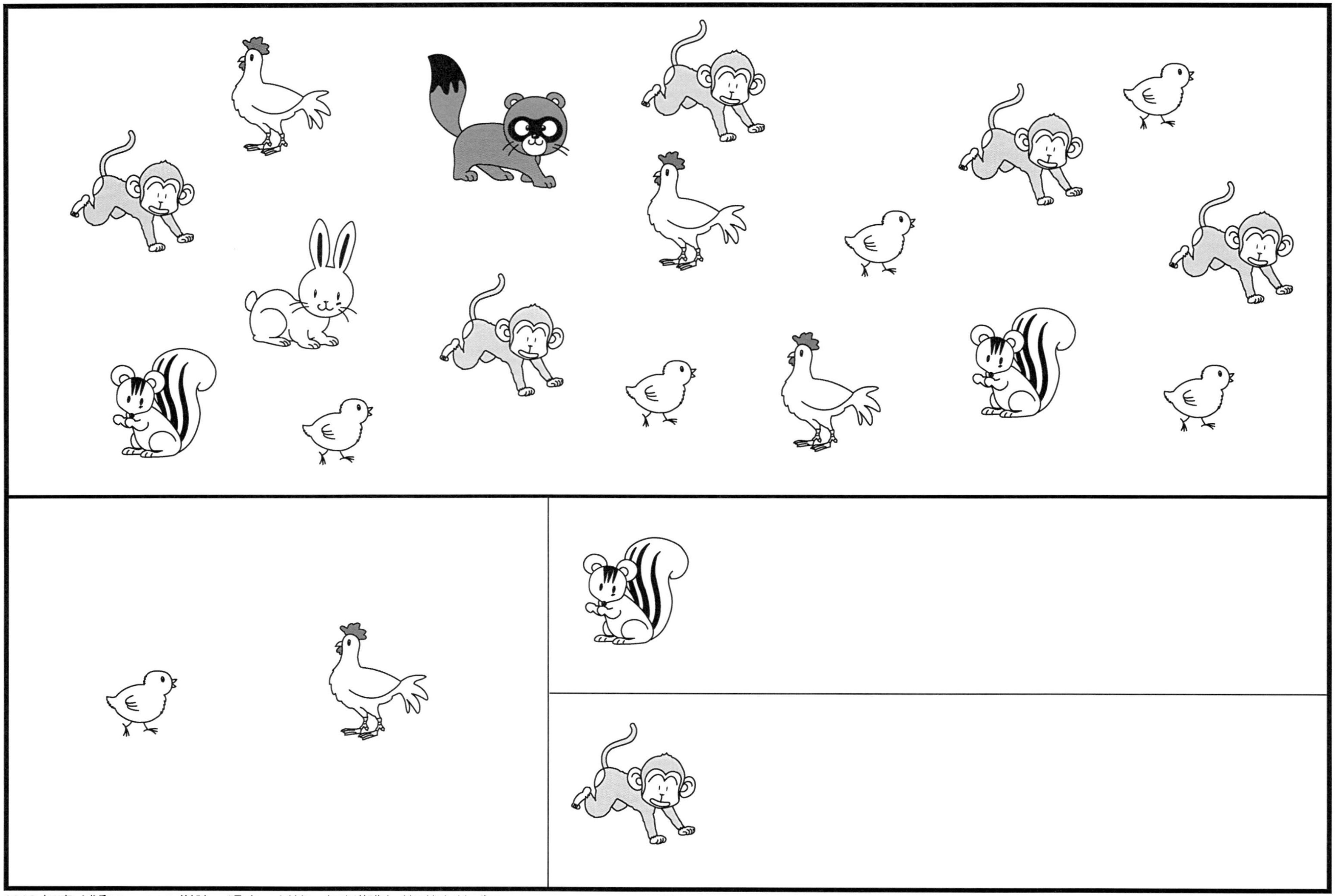

☆浦和ルーテル学院小学校

# 問題４０

①

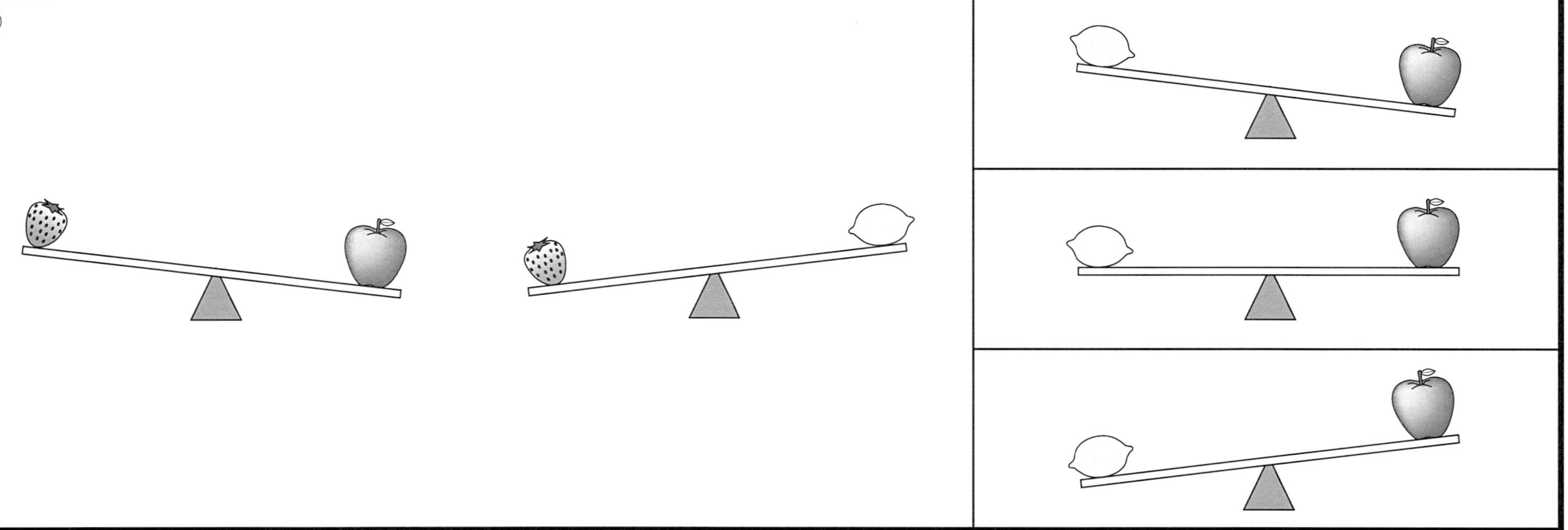

②

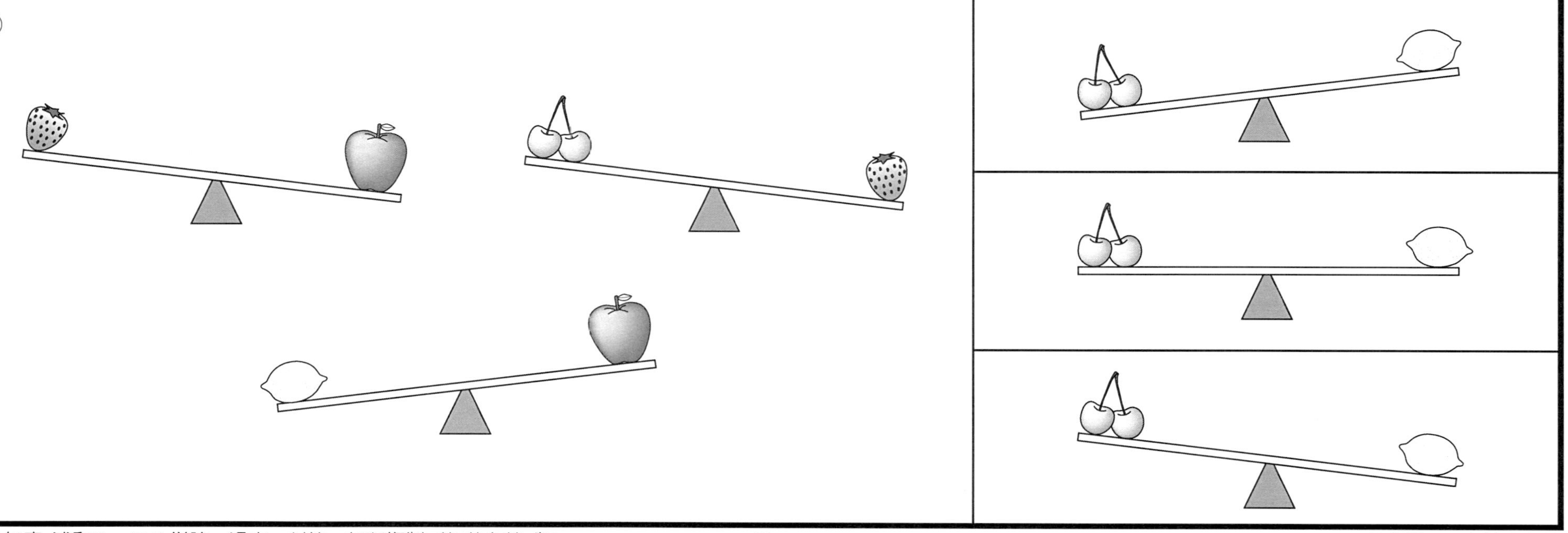

問題４１

☆浦和ルーテル学院小学校

①

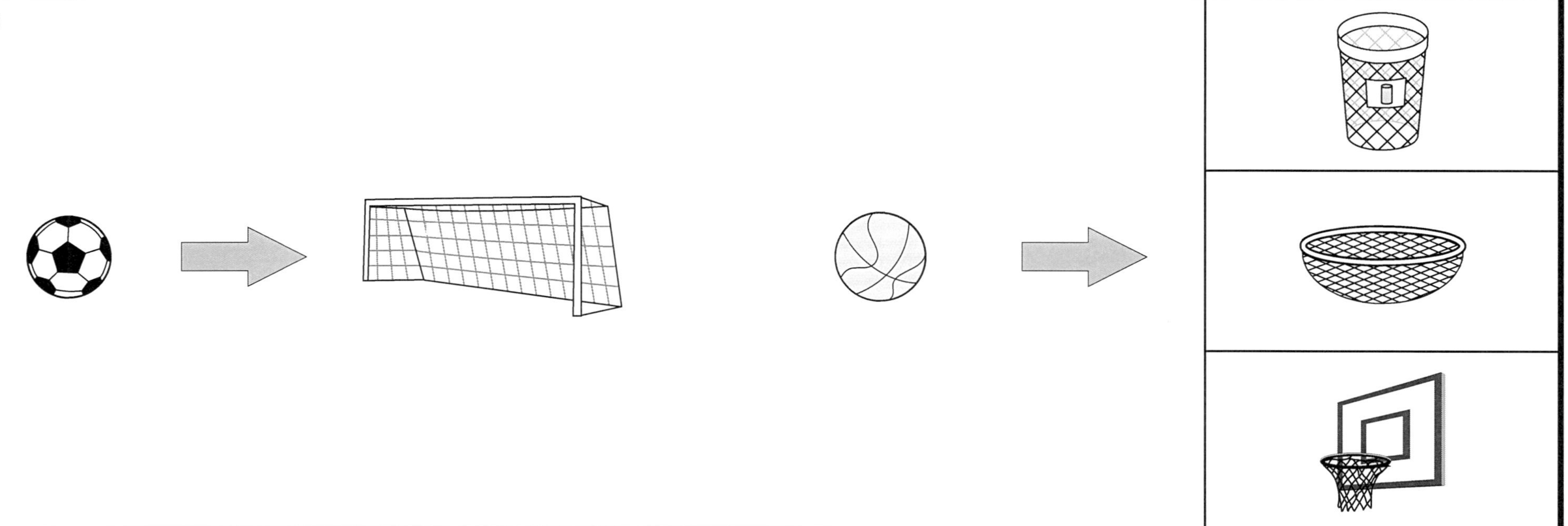

②

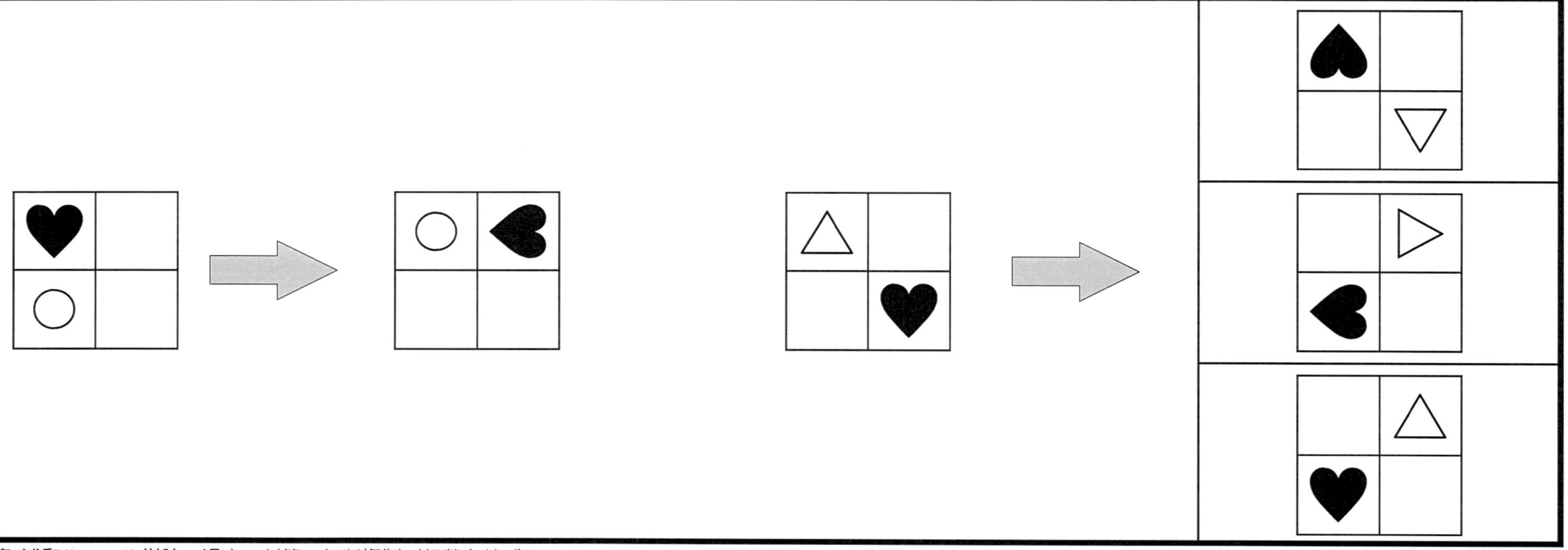

# 問題42－1

かき

かさ

ほし

うし

# 問題42－2

いるか

いか

ぶた

ふた

# 問題４２－３

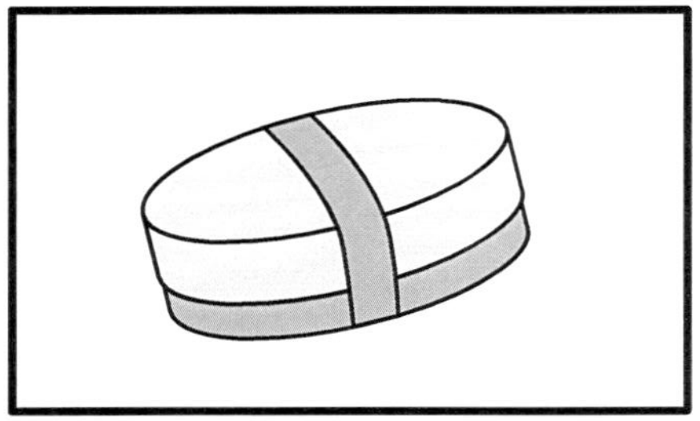

おもち

おもちゃばこ

べんとうばこ

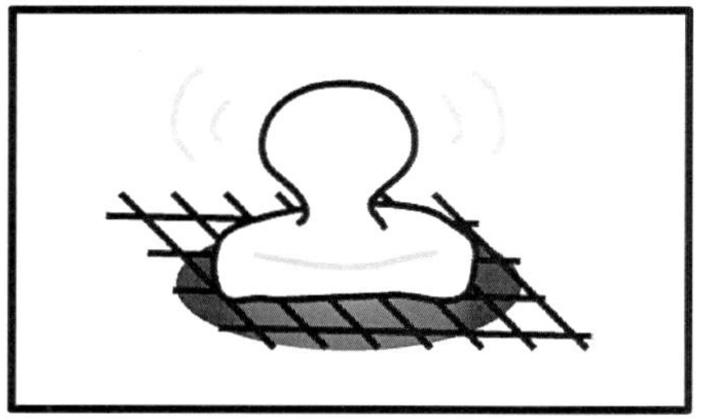

ちょきんばこ

☆浦和ルーテル学院小学校

2022 年度 浦和ルーテル学院 過去・対策 無断複製／転載を禁ずる 日本学習図書株式会社

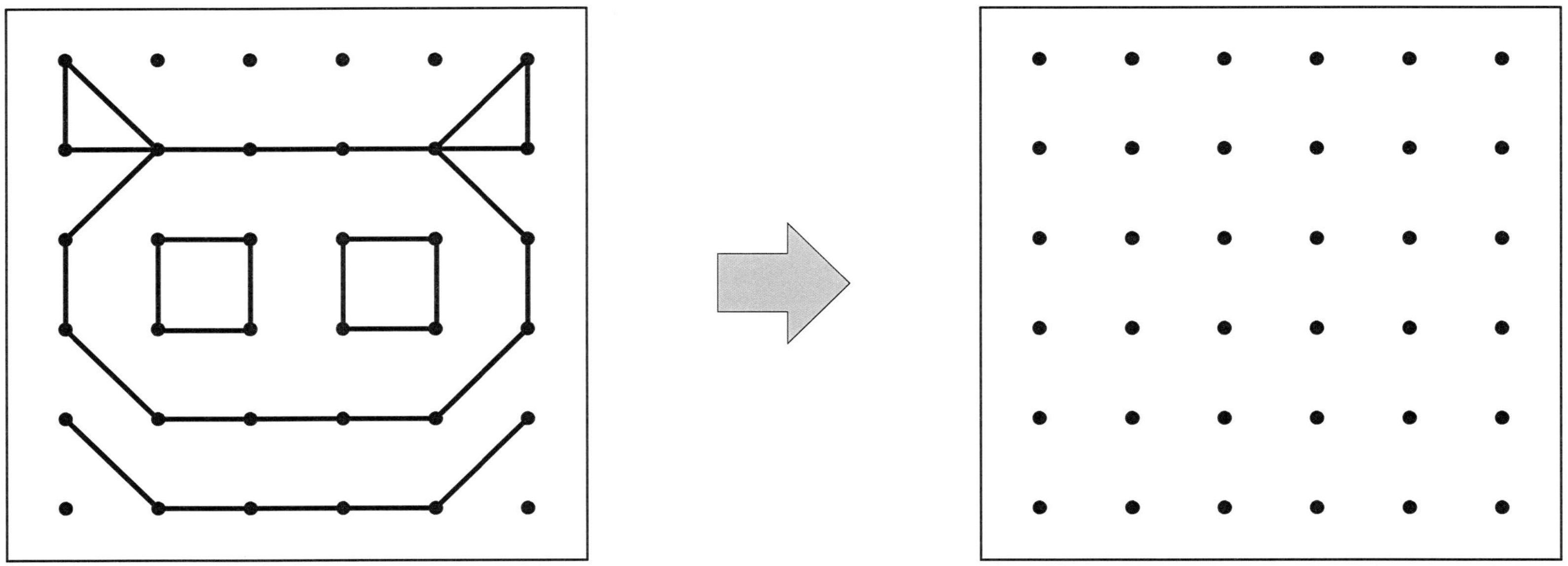

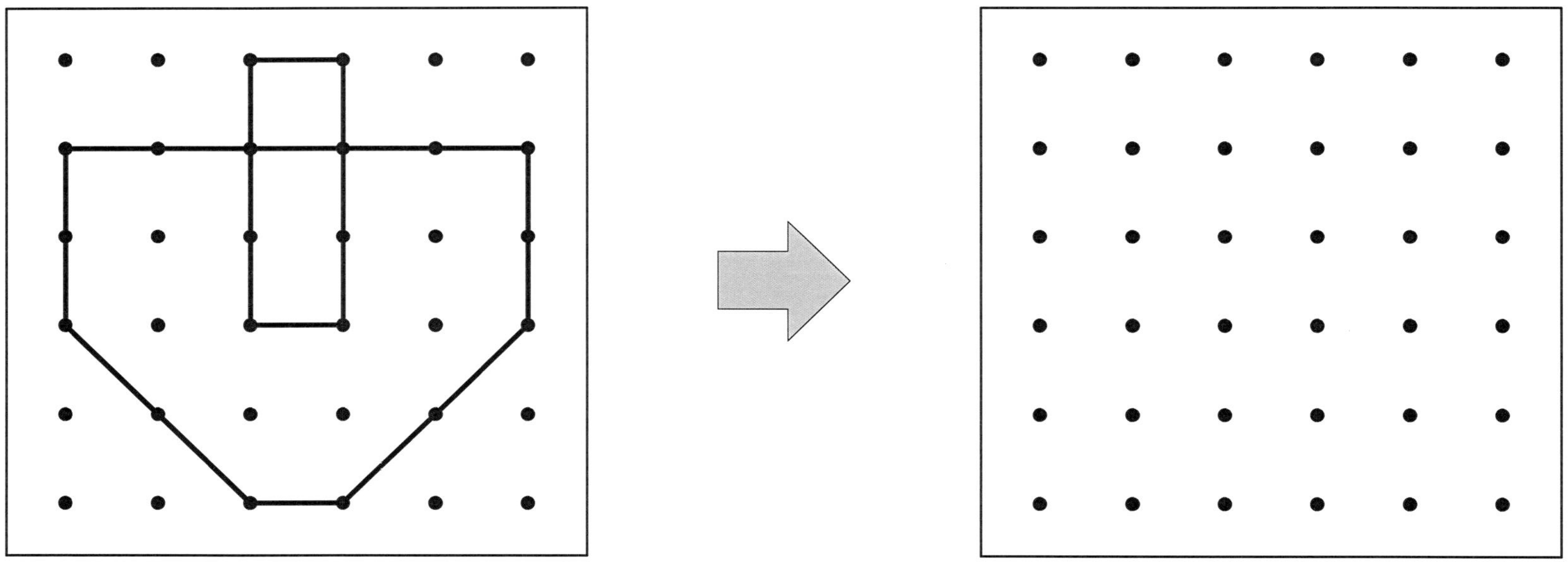

# 問題４３－２

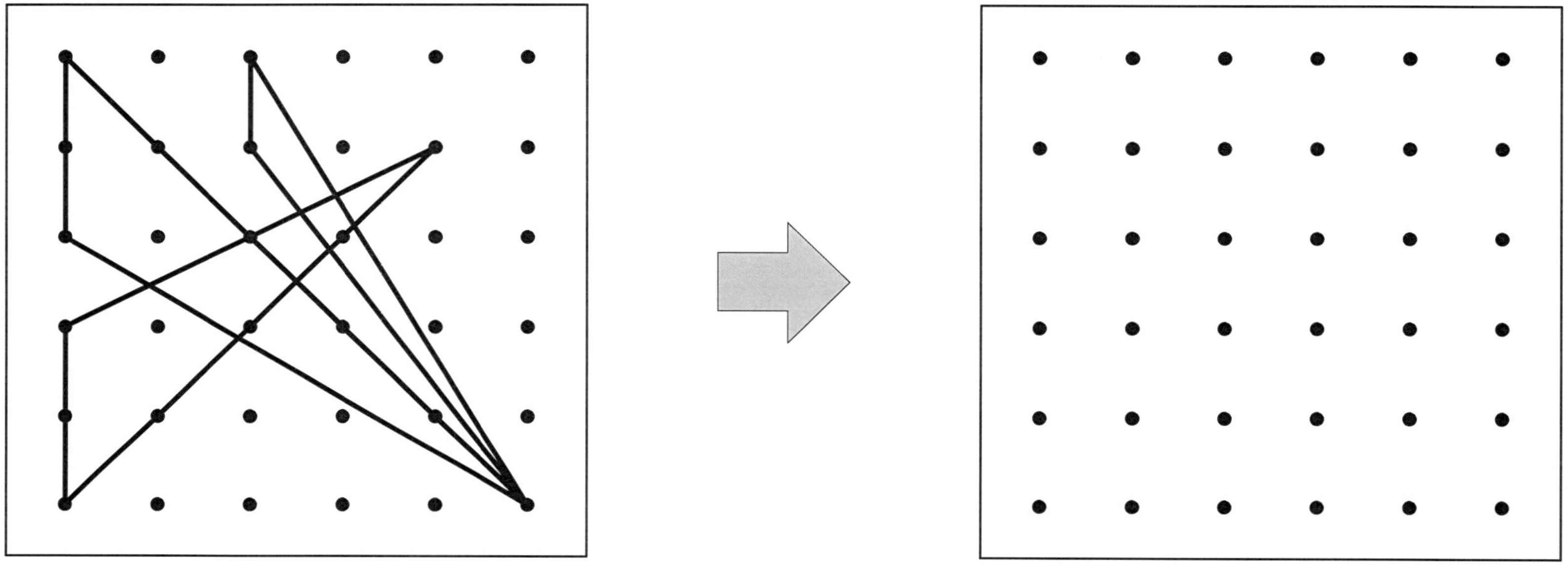

# 問題４４

・お手本

①

②

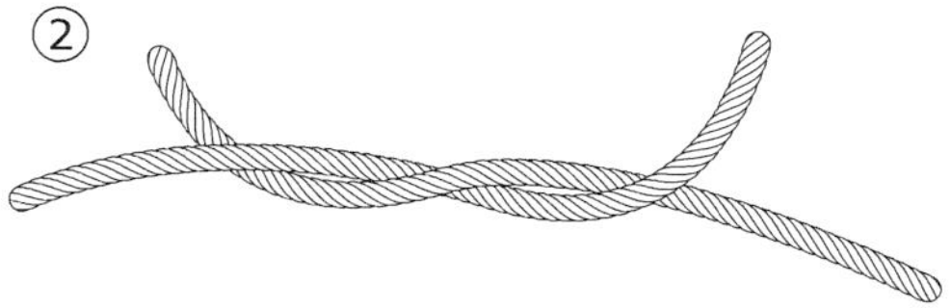

③

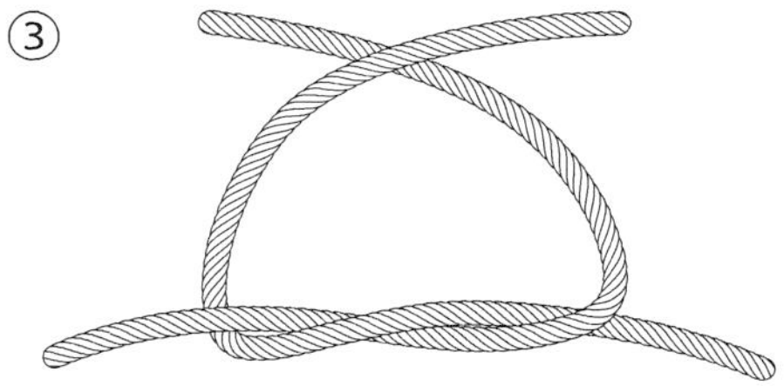

④

# 分野別 小学入試練習帳 ジュニアウォッチャー

| | |
|---|---|
| 1. 点・線図形 | 小学校入試で出題頻度の高い『点・線図形』の模写を、難易度の低いものから段階別に幅広く練習することができるように構成。 |
| 2. 座標 | 図形の位置模写という作業を、難易度の低いものから段階別に練習できるように構成。 |
| 3. パズル | 様々なパズルの問題を難易度の低いものから段階別に練習できるように構成。 |
| 4. 同図形探し | 小学校入試で出題頻度の高い、同図形選びの問題を繰り返し練習できるように構成。 |
| 5. 回転・展開 | 図形などを回転、または展開したとき、形がどのように変化するかを学習し、理解を深められるように構成。 |
| 6. 系列 | 数、図形などの様々な系列問題を、難易度の低いものから段階別に練習できるように構成。 |
| 7. 迷路 | 迷路の問題を繰り返し練習できるように構成。 |
| 8. 対称 | 対称に関する問題を４つのテーマに分類し、各テーマごとに問題を段階別に練習できるように構成。 |
| 9. 合成 | 図形の合成に関する問題を、難易度の低いものから段階別に練習できるように構成。 |
| 10. 四方からの観察 | もの（立体）を様々な角度から見て、どのように見えるかを推理する問題を段階別に整理し、１つの形式で複数の問題を練習できるように構成。 |
| 11. いろいろな仲間 | ものや動物、植物の共通点を見つけ、分類していく問題を中心に構成。 |
| 12. 日常生活 | 日常生活における様々な問題を６つのテーマに分類し、各テーマごとに一つの問題形式で複数の問題を練習できるように構成。 |
| 13. 時間の流れ | 『時間』に着目し、様々なものごとは、時間が経過するとどのように変化するのかということを学習し、理解できるように構成。 |
| 14. 数える | 様々なものを『数える』ことから、数の多少の判定やかけ算、わり算の基礎までを練習できるように構成。 |
| 15. 比較 | 比較に関する問題を５つのテーマ（数、高さ、長さ、量、重さ）に分類し、各テーマごとに問題を段階別に練習できるように構成。 |
| 16. 積み木 | 数える対象を積み木に限定した問題集。 |
| 17. 言葉の音遊び | 言葉の音に関する問題を５つのテーマに分類し、各テーマごとに問題を段階別に練習できるように構成。 |
| 18. いろいろな言葉 | 表現力をより豊かにするいろいろな言葉として、擬態語や擬声語、同音異義語、反意語、数詞を取り上げた問題集。 |
| 19. お話の記憶 | お話を聴いてその内容を記憶、理解し、設問に答える形式の問題集。 |
| 20. 見る記憶・聴く記憶 | 「見て憶える」「聴いて憶える」という『記憶』分野に特化した問題集。 |
| 21. お話作り | いくつかの絵を元にしてお話を作る練習をして、想像力を養うことができるように構成。 |
| 22. 想像画 | 描かれてある形や景色に好きな絵を描くことにより、想像力を養うことができるように構成。 |
| 23. 切る・貼る・塗る | 小学校入試で出題頻度の高い、はさみやのりなどを用いた巧緻性の問題を繰り返し練習できるように構成。 |
| 24. 絵画 | 小学校入試で出題頻度の高い、お絵かきやぬり絵などクレヨンやクーピーペンを用いた巧緻性の問題を繰り返し練習できるように構成。 |
| 25. 生活巧緻性 | 小学校入試で出題頻度の高い日常生活の様々な場面における巧緻性の問題集。 |
| 26. 文字・数字 | ひらがなの清音、濁音、拗音、拗長音、促音と１～20までの数字に焦点を絞り、練習できるように構成。 |
| 27. 理科 | 小学校入試で出題頻度が高くなりつつある理科の問題を集めた問題集。 |
| 28. 運動 | 出題頻度の高い運動問題を種目別に分けて構成。 |
| 29. 行動観察 | 項目ごとに問題提起をし、「このような時はどうか、あるいはどう対処するのか」の観点から問いかける形式の問題集。 |
| 30. 生活習慣 | 学校から家庭に提起された問題と思って、一問一問絵を見ながら話し合い、考える形式の問題集。 |
| 31. 推理思考 | 数、量、言語、常識（含理科、一般）など、諸々のジャンルから問題を構成し、近年の小学校入試問題傾向に沿って構成。 |
| 32. ブラックボックス | 箱や筒の中を通ると、どのようなお約束でどのように変化するかを推理・思考する問題集。 |
| 33. シーソー | 重さの違うものをシーソーに乗せた時どちらに傾くのか、またどうすればシーソーは釣り合うのかを思考する基礎的な問題集。 |
| 34. 季節 | 様々な行事や植物などを季節別に分類できるように知識をつける問題集。 |
| 35. 重ね図形 | 小学校入試で頻繁に出題されている「図形を重ね合わせてできる形」についての問題を集めました。 |
| 36. 同数発見 | 様々な物を数え「同じ数」を発見し、数の多少の判断や数の認識の基礎を学べるように構成した問題集。 |
| 37. 選んで数える | 数の学習の基本となる、いろいろなものの数を正しく数える学習を行う問題集。 |
| 38. たし算・ひき算１ | 数字を使わず、たし算とひき算の基礎を身につけるための問題集。 |
| 39. たし算・ひき算２ | 数字を使わず、たし算とひき算の基礎を身につけるための問題集。 |
| 40. 数を分ける | 数を等しく分ける問題です。等しく分けたときに余りが出るものもあります。 |
| 41. 数の構成 | ある数がどのような数で構成されているか学んでいきます。 |
| 42. 一対多の対応 | 一対一の対応から、一対多の対応まで、かけ算の考え方の基礎学習を行います。 |
| 43. 数のやりとり | あげたり、もらったり、数の変化をしっかりと学びます。 |
| 44. 見えない数 | 指定された条件から数を導き出します。 |
| 45. 図形分割 | 図形の分割に関する問題集。パズルや合成の分野にも通じる様々な問題を集めました。 |
| 46. 回転図形 | 「回転図形」に関する問題集。やさしい問題から始め、いくつかの代表的なパターンから、段階を踏んで学習できるよう編集されています。 |
| 47. 座標の移動 | 「マス目の指示通りに移動する問題」と「指示された数だけ移動する問題」を収録。 |
| 48. 鏡図形 | 鏡で左右反転させた時の見え方を考えます。平面図形から立体図形、文字、絵まで。 |
| 49. しりとり | すべての学習の基礎となる「言葉」を学ぶこと、特に「語彙」を増やすことに重点をおき、さまざまなタイプの「しりとり」問題を集めました。 |
| 50. 観覧車 | 観覧車やメリーゴーラウンドなどを舞台にした「回転系列」の問題集。「推理思考」分野の問題ですが、要素として「図形」や「数量」も含みます。 |
| 51. 運筆① | 鉛筆の持ち方を学び、点線なぞり、お手本を見ながらの模写で、線を引く練習をします。 |
| 52. 運筆② | 運筆①からさらに発展し、「欠所補完」や「迷路」などを楽しみながら、より複雑な鉛筆運びを習得することを目指します。 |
| 53. 四方からの観察 積み木編 | 積み木を使用した「四方からの観察」に関する問題を練習できるように構成。 |
| 54. 図形の構成 | 見本の図形がどのような部分によって形づくられているかを考えます。 |
| 55. 理科② | 理科的知識に関する問題を集中して練習する「常識」分野の問題集。 |
| 56. マナーとルール | 道路や駅、公共の場でのマナー、安全や衛生に関する常識を学べるように構成。 |
| 57. 置き換え | さまざまな具体的・抽象的事象を記号で表す「置き換え」の問題を扱います。 |
| 58. 比較② | 長さ・高さ・体積・数などを数学的な知識を使わず、論理的に推測する「比較」の問題を練習できるように構成。 |
| 59. 欠所補完 | 線と線のつながり、欠けた絵に当てはまるものなどを求める「欠所補完」に取り組める問題集です。 |
| 60. 言葉の音（おん） | しりとり、決まった順番の音をつなげるなど、「言葉の音」に関する問題に取り組める練習問題集です。 |

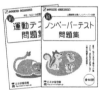

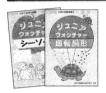

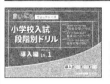

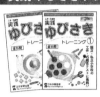

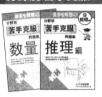

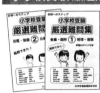

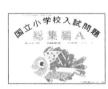

# 『読み聞かせ』×『質問』=『聞く力』

お話の記憶の練習に最適

## 1話5分の
## 読み聞かせお話集①②

「アラビアン・ナイト」「アンデルセン童話」「イソップ寓話」「グリム童話」、日本や各国の民話、昔話、偉人伝の中から、教育的な物語や、過去に小学校入試でも出題された有名なお話を中心に掲載。お話ごとに、内容に関連したお子さまへの質問も掲載しています。「読み聞かせ」を通して、お子さまの『聞く力』を伸ばすことを目指します。　①巻・②巻　各48話

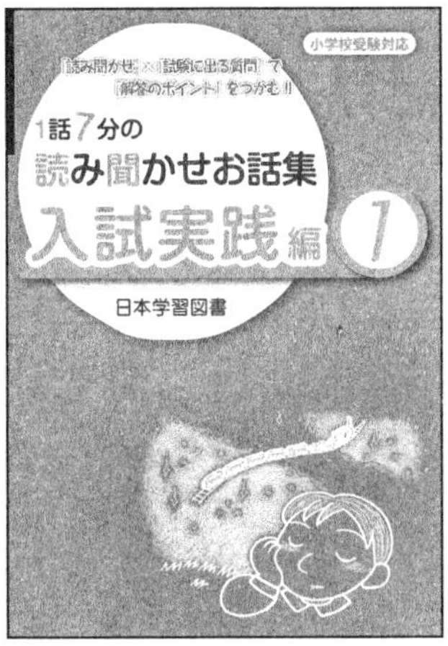

## 1話7分の読み聞かせお話集
## 入試実践編①

国立·私立小学校受験対応

最長1,700文字の長文のお話を掲載。有名でない=「聞いたことのない」お話を聞くことで、『集中力』のアップを目指します。設問も、実際の試験を意識した設問としています。ペーパーテスト実施校の多くが「お話の記憶」の問題を出題します。毎日の「読み聞かせ」と「試験に出る質問」で、「解答のポイント」をつかんで臨みましょう！　50話収録

# ニチガクの　この5冊で受験準備も万全！

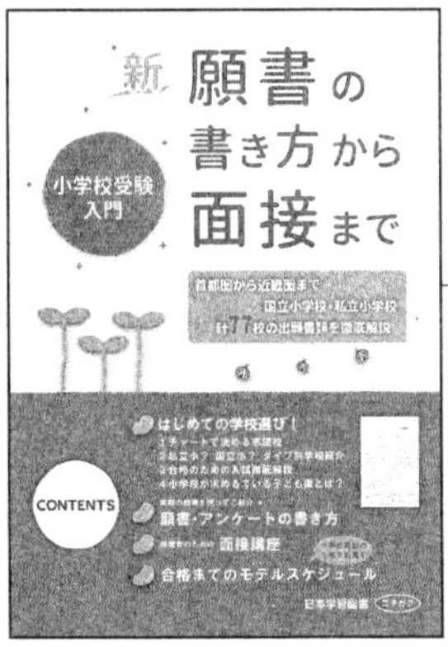


### 小学校受験入門
### 願書の書き方から面接まで　リニューアル版

主要私立・国立小学校の願書・面接内容を中心に、学校選びや入試の分野傾向、服装コーディネート、持ち物リストなども網羅し、受験準備全体をサポートします。

### 小学校受験で
### 知っておくべき125のこと

小学校受験の基本から怪しい「ウワサ」まで、保護者の方々からの125の質問にていねいに解答。目からウロコのお受験本。

### 新　小学校受験の
### 入試面接Q＆A　リニューアル版

過去十数年に遡り、面接での質問内容を網羅。小学校別、父親・母親・志願者別、さらに学校のこと・志望動機・お子さまについてなど分野ごとに模範解答例やアドバイスを掲載。

### 新　願書・アンケート
### 文例集500　リニューアル版

有名私立小、難関国立小の願書やアンケートに記入するための適切な文例を、質問の項目別に収録。合格を掴むためのヒントが満載！願書を書く前に、ぜひ一度お読みください。

### 小学校受験に関する
### 保護者の悩みQ＆A

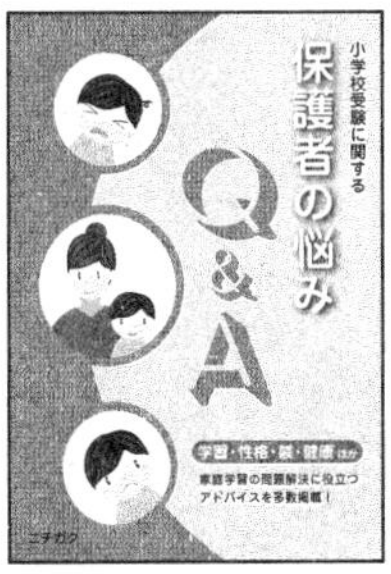


保護者の方約1,000人に、学習・生活・躾に関する悩みや問題を取材。その中から厳選した200例以上の悩みに、「ふだんの生活」と「入試直前」のアドバイス2本立てで悩みを解決。

日本学習図書株式会社

図書カード 1000 円分プレゼント

ご記入日　　　年　　月　　日

# ☆国・私立小学校受験アンケート☆

※可能な範囲でご記入下さい。選択肢は○で囲んで下さい。

〈小学校名〉＿＿＿＿＿＿＿＿＿＿＿＿＿＿　〈お子さまの性別〉男・女　〈誕生月〉＿＿月

〈その他の受験校〉（複数回答可）＿＿＿＿＿＿＿＿＿＿＿＿＿＿＿＿＿＿＿＿＿＿＿＿

〈受験日〉①：＿＿月＿＿日〈時間〉＿＿時＿＿分　～　＿＿時＿＿分

②：＿＿月＿＿日〈時間〉＿＿時＿＿分　～　＿＿時＿＿分

〈受験者数〉男女計＿＿名（男子＿＿名　女子＿＿名）

〈お子さまの服装〉＿＿＿＿＿＿＿＿＿＿＿＿＿＿＿＿＿＿＿＿

〈入試全体の流れ〉（記入例）準備体操→行動観察→ペーパーテスト

＿＿＿＿＿＿＿＿＿＿＿＿＿＿＿＿＿＿＿＿＿＿＿＿＿＿＿＿

**Eメールによる情報提供**

日本学習図書では、Eメールでも入試情報を募集しております。
下記のアドレスに、アンケートの内容をご入力の上、メールをお送り下さい。

**ojuken@nichigaku.jp**

## ●行動観察　（例）好きなおもちゃで遊ぶ・グループで協力するゲームなど

〈実施日〉＿＿月＿＿日〈時間〉＿＿時＿＿分　～　＿＿時＿＿分〈着替え〉□有　□無

〈出題方法〉□肉声　□録音　□その他（　　　　　）〈お手本〉□有　□無

〈試験形態〉□個別　□集団（　　　人程度）　〈会場図〉

〈内容〉

□自由遊び

＿＿＿＿＿＿＿＿＿＿＿＿＿＿＿＿＿＿＿＿

□グループ活動

＿＿＿＿＿＿＿＿＿＿＿＿＿＿＿＿＿＿＿＿

□その他

＿＿＿＿＿＿＿＿＿＿＿＿＿＿＿＿＿＿＿＿

## ●運動テスト（有・無）　（例）跳び箱・チームでの競争など

〈実施日〉＿＿月＿＿日〈時間〉＿＿時＿＿分　～　＿＿時＿＿分〈着替え〉□有　□無

〈出題方法〉□肉声　□録音　□その他（　　　　　）〈お手本〉□有　□無

〈試験形態〉□個別　□集団（　　　人程度）　〈会場図〉

〈内容〉

□サーキット運動

□走り　□跳び箱　□平均台　□ゴム跳び

□マット運動　□ボール運動　□なわ跳び

□クマ歩き

□グループ活動＿＿＿＿＿＿＿＿＿＿＿＿＿＿＿＿

□その他＿＿＿＿＿＿＿＿＿＿＿＿＿＿＿＿＿＿

## ●知能テスト・口頭試問

**〈実施日〉** ＿＿月＿＿日 **〈時間〉** ＿＿時＿＿分 ～ ＿＿時＿＿分 **〈お手本〉**□有 □無

**〈出題方法〉** □肉声 □録音 □その他（　　　　　） **〈問題数〉** ＿＿枚 ＿＿問

| 分野 | 方法 | 内容 | 詳細・イラスト |
|---|---|---|---|
| （例）<br>お話の記憶 | ☑筆記<br>□口頭 | 動物たちが待ち合わせをする話 | （あらすじ）<br>動物たちが待ち合わせをした。最初にウサギさんが来た。次にイヌくんが、その次にネコさんが来た。最後にタヌキくんが来た。<br>（問題・イラスト）<br><br>３番目に来た動物は誰か |
| お話の記憶 | □筆記<br>□口頭 | | （あらすじ）<br><br>（問題・イラスト） |
| 図形 | □筆記<br>□口頭 | | |
| 言語 | □筆記<br>□口頭 | | |
| 常識 | □筆記<br>□口頭 | | |
| 数量 | □筆記<br>□口頭 | | |
| 推理 | □筆記<br>□口頭 | | |
| その他 | □筆記<br>□口頭 | | |

## ●制作　（例）ぬり絵・お絵かき・工作遊びなど

〈実施日〉＿＿月＿＿日〈時間〉＿＿時＿＿分＿＿～＿＿時＿＿分

〈出題方法〉□肉声 □録音 □その他（　　　　　　）〈お手本〉□有 □無

〈試験形態〉□個別 □集団（　　　人程度）

| 材料・道具 | 制作内容 |
| --- | --- |
| □ハサミ<br>□のり（□つぼ □液体 □スティック）<br>□セロハンテープ<br>□鉛筆 □クレヨン（　色）<br>□クーピーペン（　色）<br>□サインペン（　色）□<br>□画用紙（□ A4 □ B4 □ A3<br>□その他：　　　　　）<br>□折り紙 □新聞紙 □粘土<br>□その他（　　　　　　） | □切る □貼る □塗る □ちぎる □結ぶ □描く □その他（　　　　　　）<br>タイトル：＿＿＿＿＿＿＿＿＿＿＿＿＿＿ |

## ●面接

〈実施日〉＿＿月＿＿日〈時間〉＿＿時＿＿分＿＿～＿＿時＿＿分〈面接担当者〉＿＿＿名

〈試験形態〉□志願者のみ（　　）名 □保護者のみ □親子同時 □親子別々

〈質問内容〉

※試験会場の様子をご記入下さい。

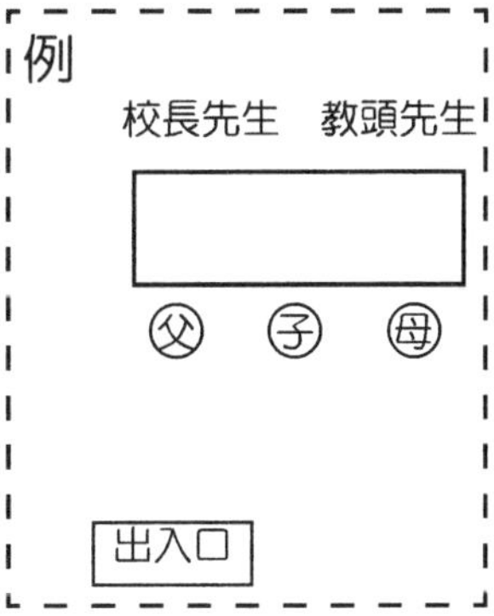


□志望動機　□お子さまの様子

□家庭の教育方針

□志望校についての知識・理解

□その他（　　　　　　　　　　　　）

（　詳　細　）

・

・

・

・

## ●保護者作文・アンケートの提出（有・無）

〈提出日〉□面接直前 □出願時 □志願者考査中 □その他（　　　　　　　　　）

〈下書き〉□有 □無

〈アンケート内容〉

（記入例）当校を志望した理由はなんですか（150 字）

●説明会（□有　□無）〈開催日〉　　月　　日〈時間〉　　時　　分　～　　時　　分

〈上履き〉　□要　□不要　〈願書配布〉　□有　□無　〈校舎見学〉　□有　□無

〈ご感想〉

●参加された学校行事（複数回答可）

公開授業〈開催日〉　　月　　日〈時間〉　　時　　分　～　　時　　分

運動会など〈開催日〉　　月　　日〈時間〉　　時　　分　～　　時　　分

学習発表会・音楽会など〈開催日〉　　月　　日〈時間〉　　時　　分　～　　時　　分

〈ご感想〉

※是非参加したほうがよいと感じた行事について

●受験を終えてのご感想、今後受験される方へのアドバイス

※対策学習（重点的に学習しておいた方がよい分野）、当日準備しておいたほうがよい物など

＊＊＊＊＊＊＊＊＊＊＊＊＊　ご記入ありがとうございました　＊＊＊＊＊＊＊＊＊＊＊＊＊

**必要事項をご記入の上、ポストにご投函ください。**

なお、本アンケートの送付期限は入試終了後３ヶ月とさせていただきます。また、入試に関する情報の記入量が当社の基準に満たない場合、謝礼の送付ができないことがございます。あらかじめご了承ください。

ご住所：〒

お名前：　　　　メール：

ＴＥＬ：　　　　ＦＡＸ：

ご記入頂いた個人に関する情報は、当社にて厳重に管理致します。弊社の個人情報取り扱いに関する詳細は、www.nichigaku.jp/policy.php の「個人情報の取り扱い」をご覧下さい。

家庭学習をトータルサポート！ ニチガクのオリジナル 効果的 学習法

## 1 まずは アドバイスページを読む！

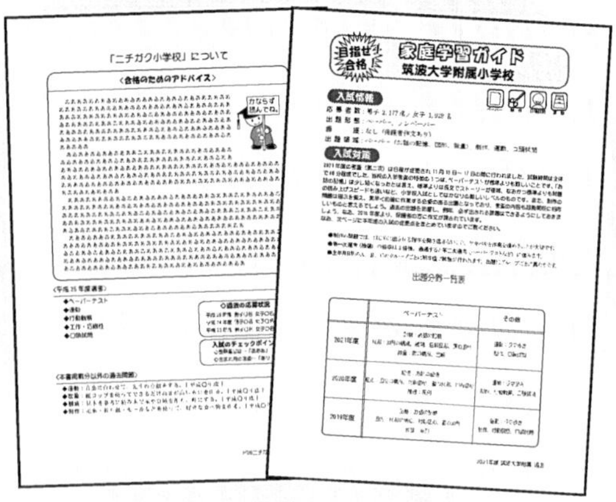


対策や試験ポイントがぎっしりつまった「家庭学習ガイド」。分野アイコンで、試験の傾向をおさえよう！

## 2 問題をすべて読み、出題傾向を把握する

## 3 「学習のポイント」で学校側の観点や問題の解説を熟読

## 4 はじめて過去問題にチャレンジ！

## 5 プラスα 対策問題集や類題で力を付ける

## 過去問のこだわり

ピンク色です

最新問題は問題ページ、イラストページ、解答・解説ページが独立しており、お子さまにすぐに取り掛かっていただける作りになっています。
ニチガクの学校別問題集ならではの、学習法を含めたアドバイスを利用して効率のよい家庭学習を進めてください。

各問題のジャンル

**問題7** 分野：図形（図形の構成） Aグループ男子

〈解 答〉 下図参照

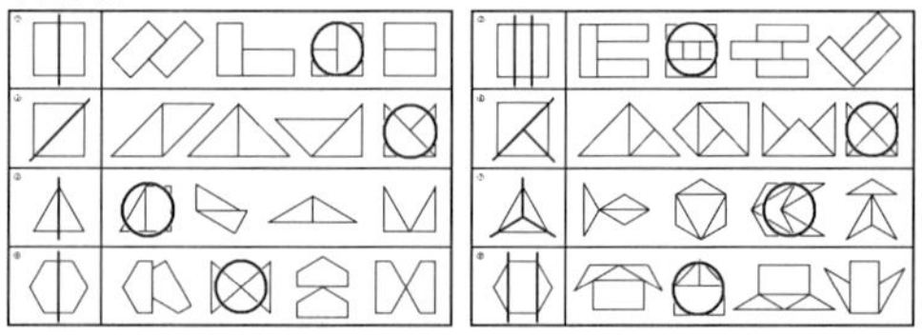

図形の構成の問題です。解答時間が圧倒的に短いので、直感的に答えないと全問答えることはできないでしょう。例年ほど難しい問題ではないので、ある程度準備をしたお子さまなら可能のはずです。注意すべきなのはケアレスミスで、「できないものはどれですか」と聞かれているのに、できるものに○をしたりしてはおしまいです。こういった問題では基礎とも言える問題なので、もしわからなかった場合は基礎問題を分野別の問題集などでおさらいしておきましょう。

【おすすめ問題集】
**★筑波大附属小学校図形攻略問題集①②★**（書店では販売しておりません）
Jr・ウォッチャー9「合成」、54「図形の構成」

### 学習のポイント

各問題の解説や学校の観点、指導のポイントなどを教えます。
今日から保護者の方が家庭学習の先生に！

### おすすめ対策問題集

分野ごとに対策問題集をご紹介。苦手分野の克服に最適です！
＊専用注文書付き。

2022年度版　浦和ルーテル学院小学校
過去・対策問題集

発行日　2021年5月28日
発行所　〒162-0821　東京都新宿区津久戸町 3-11-9F
日本学習図書株式会社
電　話　03-5261-8951 ㈹




ISBN978-4-7761-5362-7

C6037 ¥2000E

9784776153627

定価 2,200 円
(本体 2,000 円＋税 10%)

1926037020004


詳細は http://www.nichigaku.jp 日本学習図書 検索